普通高等教育"十四五"规划教材·会计精品系列

《初级会计学》学习指导书

刘娅／主编
吕沙 符蓉／副主编

图书在版编目(CIP)数据

《初级会计学》学习指导书/刘娅主编. —上海：立信会计出版社，2021.6

普通高等教育"十四五"规划教材. 会计精品系列

ISBN 978-7-5429-6870-8

Ⅰ.①初… Ⅱ.①刘… Ⅲ.①会计学－高等学校－教学参考资料 Ⅳ.①F230

中国版本图书馆CIP数据核字(2021)第125114号

策划编辑　孙　勇　毕芸芸
责任编辑　孙　勇
封面设计　南房间

《初级会计学》学习指导书
CHUJI KUAIJIXUE XUEXI ZHIDAOSHU

出版发行	立信会计出版社			
地　　址	上海市中山西路2230号	邮政编码	200235	
电　　话	(021)64411389	传　　真	(021)64411325	
网　　址	www.lixinaph.com	电子邮箱	lixinaph2019@126.com	
网上书店	http://lixin.jd.com		http://lxkjcbs.tmall.com	
经　　销	各地新华书店			
印　　刷	常熟市华顺印刷有限公司			
开　　本	787毫米×1092毫米　1/16			
印　　张	12.25			
字　　数	186千字			
版　　次	2021年6月第1版			
印　　次	2021年6月第1次			
印　　数	1—2100			
书　　号	ISBN 978-7-5429-6870-8/F			
定　　价	35.00元			

如有印订差错，请与本社联系调换

前　言

本书是立信会计出版社"普通高等教育'十四五'规划教材·会计精品系列"丛书之一,也是初级会计学的配套学习指导书。

与初级会计学(基础会计)课程及相关教材同步,本书根据我国最新的相关法律法规(特别是税法)、会计准则等设置各章节的习题与相关的解答和解释,主要体现在以下几个方面:①按照新的增值税税率编写书中习题及案例;②按照2017年修订的《企业会计准则第14号——收入》编写收入相关章节的习题和案例,体现收入确认和计量的"五步法"模型;③按照新修订的《中华人民共和国公司法》关于注册资本的相关规定设计和编写投入资本相关的习题与案例;④按照新的财务报表格式及编制要求对资产负债表、利润表和所有者权益变动表的格式及填制内容编写相关习题和案例;⑤按照新修订的《企业会计准则第22号——金融工具确认和计量》编写相关习题和案例。

本书由刘娅担任主编。本书各章写作分工如下:第一章由张宇撰写,第二章、第五章由刘娅撰写,第三章、第六章由吕沙撰写,第四章由郑珺撰写,第七章由梁利辉撰写,第八章由符蓉撰写,第九章由聂会红撰写,第十章由龙成会撰写,第十一章由杨茂公撰写,第十二章由梁忠英撰写。

感谢立信会计出版社对本书出版的大力支持。由于编者水平有限,书中疏漏之处在所难免,恳请读者不吝赐教。

编者

2021年6月

目　录

第一章　总论 …………………………………………………………………… 1
　　练习题 ……………………………………………………………………… 2

第二章　会计方法 ……………………………………………………………… 7
　　练习题 ……………………………………………………………………… 8

第三章　会计科目与账户 ……………………………………………………… 16
　　练习题 ……………………………………………………………………… 17

第四章　复式记账及其应用 …………………………………………………… 22
　　练习题 ……………………………………………………………………… 24

第五章　账户的分类 …………………………………………………………… 37
　　练习题 ……………………………………………………………………… 38

第六章　会计凭证 ……………………………………………………………… 46
　　练习题 ……………………………………………………………………… 47

第七章　会计账簿 ……………………………………………………………… 54
　　练习题 ……………………………………………………………………… 55

第八章　成本计算 ……………………………………………………………… 64
　　练习题 ……………………………………………………………………… 65

第九章　财产清查 ……………………………………………………………… 72
　　练习题 ……………………………………………………………………… 73

第十章　账务处理程序 ………………………………………………………… 87
　　练习题 ……………………………………………………………………… 88

第十一章 财务会计报告 ······ 100
 练习题 ······ 101

第十二章 会计工作组织 ······ 108
 练习题 ······ 109

参考答案 ······ 115
 第一章 总论 ······ 115
 第二章 会计方法 ······ 117
 第三章 会计科目与账户 ······ 119
 第四章 复式记账及其应用 ······ 121
 第五章 账户的分类 ······ 145
 第六章 会计凭证 ······ 150
 第七章 会计账簿 ······ 156
 第八章 成本计算 ······ 158
 第九章 财产清查 ······ 167
 第十章 账务处理程序 ······ 173
 第十一章 财务会计报告 ······ 182
 第十二章 会计工作组织 ······ 186

第一章 总 论

一、学习目的与要求

1. 学习目的

通过对本章的学习,在理解什么是会计的基础上,对会计学中几大核心基础概念形成真正的认识,并领会这些核心基础概念之间的逻辑关系。

2. 学习要求

(1) 理解会计概念,明确会计目标;

(2) 掌握会计对象和会计要素并领会其内在联系;

(3) 理解会计等式及经济业务对会计等式的影响;

(4) 掌握会计核算的基本前提和会计基础;

(5) 熟悉会计信息质量要求。

二、内容概览

1. 关键概念

会计、资产、负债、所有者权益、收入、费用、利润、会计等式、会计主体假设、持续经营假设、货币计量假设、收付实现制、权责发生制、可靠性、相关性、可比性、实质重于形式、谨慎性。

2. 关键问题

会计是对经济活动的记录和反映,涉及会计目标和会计对象;为了能够对经济活动进行记录和反映,需要设置会计核算基本前提并明确会计基础;在此基础上提供的会计信息必须满足会计信息质量要求。因此,本章的关键问题在于:

(1) 通过对会计职能的理解进一步领会会计的概念；

(2) 理解会计目标如何导向会计行为,认真思考会计目标在会计学的几大核心基础概念中所处的位置；

(3) 明确会计对象和会计要素的关系；

(4) 理解六大会计要素的内涵；

(5) 领会设置会计核算的意义,明确每个核算前提各解决了什么问题；

(6) 收付实现制和权责发生制各自的含义以及彼此的差异；

(7) 理解每一会计信息质量要求的内涵,以及每一质量要求分别是针对哪方面的质量提出的。

三、重点与难点

1. 重点

六大会计要素；会计等式及经济业务对会计等式的影响；会计核算的基本前提；会计基础；会计信息质量要求。

2. 难点

(1) 六大会计要素的逻辑关系；

(2) 经济业务对会计等式的影响；

(3) 会计信息可靠性和相关性的关系。

练 习 题

一、名词解释

1. 资产

2. 收入

3. 会计主体

4. 权责发生制

5. 相关性

6. 实质重于形式

二、单项选择题

1. 为会计核算工作确定了空间范围的基本前提是（　　）。
   A. 会计主体　　　B. 持续经营　　　C. 会计分期　　　D. 货币计量

2. 为会计核算工作确定了时间范围的基本前提是（　　）。
   A. 会计主体　　　B. 持续经营　　　C. 会计分期　　　D. 货币计量

3. 会计的基本职能是（　　）。
   A. 考核与记录　　　　　　　B. 反映与控制
   C. 分析与计算　　　　　　　D. 监督与预测

4. 会计分期是对（　　）的补充规定。
   A. 会计主体　　　B. 持续经营　　　C. 收付实现制　　　D. 货币计量

5. 属于企业会计基础的是（　　）。
   A. 会计等式　　　　　　　B. 复式记账
   C. 权责发生制　　　　　　D. 收付实现制

6. 企业提供的会计信息应当满足会计信息使用者的需要，这是会计信息质量的（　　）要求。
   A. 可靠性　　　B. 相关性　　　C. 重要性　　　D. 清晰性

三、多项选择题

1. 会计信息应当满足有关各方了解企业财务状况和经营成果的需要，这里的有关各方包括（　　）。
   A. 企业所有者　　B. 企业职工　　C. 企业债权人　　D. 政府机构
   E. 企业的客户

2. 根据权责发生制会计基础，应计入本期的收入和费用的有（　　）。
   A. 本期实现的收入，已收到货款
   B. 本期实现的收入，尚未收到货款
   C. 本期发生的费用，已经支付

D. 本期发生的费用,尚未支付

E. 以后期间承担的费用,已经支付

3. 关于会计信息质量谨慎性要求的表述正确的有（　　）。

   A. 不高估资产 　　　　　　B. 低估负债

   C. 低估收益 　　　　　　　D. 高估所有者权益

   E. 高估费用和损失

4. 下列属于无形资产的有（　　）。

   A. 注册商标权 　　　　　　B. 专利权

   C. 非专利技术 　　　　　　D. 应收账款

   E. 著作权

5. 下列属于静态会计要素的有（　　）。

   A. 资产　　B. 负债　　C. 收入　　D. 费用

   E. 净资产

6. 下列既是会计主体又是法律主体的有（　　）。

   A. 母公司　　B. 子公司　　C. 企业集团　　D. 总公司

   E. 分公司

四、判断题

1. 对经济活动进行连续、系统和完整的记录是会计控制职能的体现。（　　）

2. 会计对象就是企业生产经营活动中的资金运动。（　　）

3. 负债可以是企业承担的现时义务,也可以是潜在义务。（　　）

4. 为第三方或客户代收的款项也是企业收入的组成内容。（　　）

5. 不存在同时导致资产增加、负债或所有者权益减少的经济业务。（　　）

6. 车间是会计主体,但不是法律主体。（　　）

7. 没有会计分期假设,也就没有权责发生制会计基础。（　　）

8. 可靠性和相关性具有内在一致性,越可靠的会计信息越相关。（　　）

9. 在可能的情况下,企业高估净资产是会计信息质量谨慎性要求的体现。

（　　）

10. 有形资产就是实物资产。　　　　　　　　　　　　　　　　　　（　　）

五、会计核算题

新鸿公司2×21年7月1日资产为3 000 000元，负债为1 200 000元，所有者权益为1 800 000元。7月份该公司发生以下业务：

1. 7月2日，采购一批材料价值100 000元，已验收入库，货款尚未支付。
2. 7月8日，用银行存款50 000元偿还到期的短期借款。
3. 7月15日，接收新投资者的投资200 000元，款项存入银行。
4. 7月20日，销售甲商品，价值100 000元，付款方承诺于下月10日支付。
5. 7月25日，员工报销差旅费30 000元，以现金支付。
6. 7月31日，工资150 000元，于次月8号支付。

请分析上述每一笔经济业务对会计等式的影响。

六、案例分析题

2008年，美国爆发由次级抵押贷款市场危机（简称次贷危机）引发并波及全球的金融危机。危机导致大批跨国公司破产倒闭，当时号称美国第四大投行的雷曼兄弟公司也未能幸免。雷曼兄弟公司创立于1850年，在全球范围内因创造新颖产品、探索最新融资方式、提供最佳优质服务拥有良好声誉，并发展成为全球性、多元化的投资银行。它是《商业周刊》评出的2000年最佳投资银行。《国际融资评论》授予它"2002年度最佳投行"，其整体调研实力高居《机构投资者》榜首。但是，在次贷危机加剧的形势下，雷曼兄弟公司最终丢盔弃甲，于北京时间2008年9月15日，宣布申请破产保护。最终，巴克莱银行以现金作价1.4亿英镑（2.5亿美元），收购雷曼兄弟公司估计现值为400亿英镑（720亿美元）的交易资产及估计现值为380亿英镑（680亿美元）的交易负债。昔日总市值达数百亿美元的雷曼兄弟公司在无力融资自救又得不到政府资金支持的情况下，不得以走到低价出售这一步。

案例讨论：

1. 什么是资产？什么是负债？资产抵减负债后是什么？

2. 巴克莱银行以1.4亿英镑的现金换回雷曼兄弟公司多少价值量的财富？

3. 巴克莱银行与雷曼兄弟公司之间的交换是等价交换吗？为什么？

七、思考题

1. 简述会计的基本职能及其相互关系。

2. 负债与所有者权益的区别有哪些？

第二章 会计方法

一、学习目的与要求

1. 学习目的

通过对本章的学习,理解不同会计方法的用途,并能够将其运用到具体的实例中。

2. 学习要求

(1) 理解七个会计核算方法的含义、作用及其相互联系;

(2) 掌握会计确认的范围、确认标准;

(3) 掌握会计要素及其确认条件;

(4) 掌握会计要素计量属性及应用原则;

(5) 熟悉不同财务报表所反映的企业财务状况及编制报表的具体步骤等。

二、内容概览

1. 关键概念

复式记账、财产清查、会计确认、会计确认标准、资产、负债、所有者权益、收入、费用、利润、会计计量、会计计量属性、财务会计报告、财务报告的目标。

2. 关键问题

会计方法是实现会计职能、发挥会计作用和达到会计目标的手段和措施。因此,本章关键问题在于:

(1) 如何进行会计核算;

(2) 如何进行会计确认、计量和记录;

（3）基于会计确认标准如何对不同的会计要素进行确认；

（4）基于不同的会计要素如何选择与其相对应的会计计量属性；

（5）财务报表如何反映企业的财务状况。

三、重点与难点

1. 重点

会计信息处理的步骤；不同会计要素的确认条件；不同会计要素会计计量属性的选择。

2. 难点

（1）对不同会计要素确认的理解以及确认条件的运用；

（2）不同会计计量属性下的计算方法、对不同会计要素会计计量属性的选择。

练 习 题

一、名词解释

1. 会计方法　　　　　　　2. 会计确认的标准

3. 会计计量属性　　　　　4. 会计记录

5. 财产清查　　　　　　　6. 财务会计报告

二、单项选择题

1. 会计是以货币为主要计量单位，采用专门方法和程序，对企业、行政与事业单位的（　　）进行完整地、连续地、系统地核算和监督，以提供经济信息和反映受托责任履行情况为主要目的的经济管理活动。

　　A. 经营活动　　　　　　　B. 经济活动

　　C. 生产活动　　　　　　　D. 销售活动

2. 下列关于会计基本职能的说法中,不正确的是( )。

A. 即使没有会计监督,会计核算也可以提供高质量的会计信息

B. 会计核算是会计监督的基础

C. 会计监督是会计核算的质量保障

D. 没有核算提供的各种信息,监督就失去了依据

3. 如果财务报告能够满足( )的会计信息需求,通常情况下也可以满足其他使用者的大部分信息需求。

A. 投资者　　　　　　　　　B. 债权人

C. 政府及其有关部门　　　　D. 社会公众

4. 在可预见的未来,会计主体不会破产清算,所持有的资产将正常营运,所负有的债务将正常偿还,这属于( )。

A. 会计主体假设　　　　　　B. 持续经营假设

C. 会计分期假设　　　　　　D. 货币计量假设

5. 下列关于会计基础的相关说法中,不正确的是( )。

A. 会计基础包括权责发生制和收付实现制

B. 政府会计中的财务会计部分,采用权责发生制为会计基础

C. 企业应当以收付实现制为基础进行会计确认、计量和报告

D. 根据权责发生制,凡是不属于当期的收入和费用,即使款项已在当期收付,也不应作为当期的收入和费用

6. 下列关于会计信息质量要求的说法中,不正确的是( )。

A. 企业对售出商品可能发生的保修义务确认预计负债,体现了实质重于形式原则

B. 谨慎性要求企业不应高估资产或者收益、低估负债或者费用

C. 可比性要求企业提供的会计信息应当相互可比

D. 会计核算方法前后各期应保持一致,不得随意变更,体现的是可比性

7. 下列关于会计要素的表述中,不正确的是( )。

A. 收入、成本和利润构成利润表的基本框架

B. 资产、负债和所有者权益属于反映财务状况的会计要素

C. 会计要素是用于反映特定会计主体财务状况和经营成果的基本单位

D. 利润反映的是收入减去费用、利得减去损失后净额的概念

8. 下列不属于会计计量属性的是（　　）。

　　A. 历史成本　　　　　　　　　　B. 可收回金额

　　C. 公允价值　　　　　　　　　　D. 可变现净值

9. 企业盘盈固定资产，应按其（　　）进行入账。

　　A. 历史成本　　B. 重置成本　　C. 现值　　D. 公允价值

10. （　　）是记录经济业务发生或者完成情况的书面证明，也是登记账簿的依据。

　　A. 科目汇总表　　B. 原始凭证　　C. 会计凭证　　D. 记账凭证

11. 下列关于原始凭证的填制要求的相关说法中，正确的是（　　）。

　　A. 支票因错作废时，应及时撕毁

　　B. 原始凭证金额有错误的，应当由出具单位重开或更正，更正处应当加盖出具单位印章

　　C. 小写金额前要标明"¥"字样，中间不能留有空位。大写金额前要加"人民币"字样，大写金额与小写金额要相符

　　D. 对外开出的原始凭证必须加盖本单位公章和财务专用章

12. 下列各项中，能采用划线更正法更正的是（　　）。

　　A. 记账凭证上会计科目或记账方向正确，所记金额小于应记金额，导致账簿记录错误

　　B. 记账凭证上会计科目或记账方向正确，所记金额大于应记金额，导致账簿记录错误

　　C. 记账凭证上会计科目或记账方向错误，导致账簿记录错误

　　D. 记账凭证正确，在记账时发生错误，导致账簿记录错误

13. 科目汇总表是依据（　　）编制的。

　　A. 记账凭证　　　　　　　　　　B. 原始凭证

C. 原始凭证汇总表　　　　　D. 各种总账

三、多项选择题

1. 下列各项中,属于会计的基本职能的有(　　)。

   A. 会计核算职能　　　　　B. 会计监督职能
   C. 参与经济决策　　　　　D. 预测经济前景
   E. 进行会计核算

2. 下列各项中,属于会计目标的有(　　)。

   A. 对特定主体的经济活动进行确认、计量和报告
   B. 向财务报告使用者提供会计信息
   C. 对特定主体经济活动和相关会计核算的真实性、合法性和合理性进行审查
   D. 反映企业管理层受托责任的履行情况
   E. 进行财产物资的收发、增减和使用

3. 下列各项中,属于会计信息质量要求的有(　　)。

   A. 可理解性　　B. 及时性　　C. 合法性　　D. 相关性
   E. 实质重于形式

4. 下列各项中关于资产的确认条件正确的有(　　)。

   A. 由企业拥有或者控制的资源
   B. 过去的交易或事项形成的
   C. 与该资源有关的经济利益很可能流入企业
   D. 该资源的成本或者价值能够可靠地计量
   E. 不能带来经济利益的资源不能作为资产

5. 下列各项中,属于复式记账法的有(　　)。

   A. 借贷记账法　　　　　　B. 增减记账法
   C. 收付记账法　　　　　　D. 单式记账法
   E. 重复记账法

6. 下列各项中,不影响借、贷方的平衡关系的有(　　)。

   A. 漏记某项经济业务

B. 某项经济业务记错有关会计科目，即串户

C. 某项经济业务在账户记录中颠倒了记账方向

D. 借方或贷方的发生额中，记录的金额不正确

E. 重记某项经济业务

7. 会计凭证按照填制程序和用途不同可分为（　　）。

A. 记账凭证　　　B. 原始凭证　　　C. 专用凭证　　　D. 通用凭证

E. 其他会计凭证

8. 下列原始凭证中，属于通用凭证的有（　　）。

A. 收料单　　　　　　　　　　　B. 银行转账结算凭证

C. 增值税专用发票　　　　　　　D. 折旧计算表

E. 差旅费报销单

9. 下列各项中，属于记账凭证填制的基本要求的有（　　）。

A. 记账凭证可以根据每一张原始凭证填制

B. 记账凭证不得将不同内容和类别的原始凭证汇总填制在一张记账凭证上

C. 记账凭证应连续编号

D. 记账凭证的书写应当清楚、规范

E. 填制记账凭证时若发现错误，应当重新填制

10. 下列各项中，符合会计账簿登记要求的有（　　）。

A. 登记完毕后，在会计账簿上签名或盖章

B. 红墨水可在不设借贷等栏的多栏式账页中，登记减少数

C. 账簿记录发生错误，不得刮擦、挖补或用褪色药水更改字迹

D. 通常使用圆珠笔书写

E. 不得使用圆珠笔书写

11. 下列各项中，属于账证核对的有（　　）。

A. 日记账与收款凭证、付款凭证相核对

B. 总账与记账凭证相核对

C. 明细账与记账凭证或原始凭证相核对

D. 总分类账与明细分类账相核对

E. 原始凭证与记账凭证核对

12. 下列各项关于账务处理程序的说法中,不正确的有(　　)。

A. 汇总记账凭证账务处理程序适合规模较小、经济业务量较少的单位

B. 记账凭证账务处理程序的优点是简单明了,易于理解,总分类账可以较详细地反映经济业务的发生情况

C. 科目汇总表账务处理程序的优点是减轻了登记总分类账的工作量,易于理解,方便学习,并可做到试算平衡

D. 科目汇总表账务处理程序的缺点是当转账凭证较多时,编制汇总转账凭证的工作量较大,并且按每一贷方账户编制汇总转账凭证,不利于会计核算的日常分工

E. 账务处理程序是指会计凭证、会计账簿、会计报表三大会计核算环节以一定的形式相结合,形成一个完整的会计核算体系

13. 下列财产清查中,属于不定期全面清查的有(　　)。

A. 开展全面的资产评估、清产核资前

B. 企业股份制改造前

C. 单位主要负责人调离工作前

D. 年终决算前

E. 单位合并、撤销以及改变隶属关系前

14. 下列属于财产清查一般程序的有(　　)。

A. 组织清查人员学习有关政策规定

B. 制定清查方案

C. 填制盘存清单

D. 确定清查对象、范围,明确清查任务

E. 填制清查报告表

15. 下列各项中,构成企业完整的财务报表的有(　　)。

A. 现金流量表　　　　　　B. 利润表

C. 资产负债表 D. 附注

E. 年度财务计划

四、判断题

1. 会计的核算职能是指对特定主体经济活动和相关会计核算的真实性、合法性和合理性进行审查。（ ）

2. 重要性的应用需要依赖职业判断,企业应当根据其所处环境和实际情况,从项目的金额大小加以判断。（ ）

3. 仓库中已失效或已毁损的商品,由于企业对其拥有所有权并且能够实际控制,因此,应该作为本企业的资产。（ ）

4. 所有者权益是企业所有者在企业资产中享有的经济利益,其金额为企业的资产总额。（ ）

5. 会计科目能够反映交易或事项的发生所引起的会计要素各项目增减变动情况和结果。（ ）

6. 资产类账户和负债类账户一般都有期末余额,而资产类账户由于增加在借方,所以期末余额的方向与记录增加的方向一致,而负债类账户由于增加在贷方,所以期末余额的方向与记录增加的方向相反。（ ）

7. 试算平衡具有局限性,不能发现全部记账过程中的错误和遗漏。（ ）

8. 出纳人员在办理收款或付款业务后,应在原始凭证上加盖"收讫"或"付讫"的戳记,以免重收重付。（ ）

9. 对于涉及"库存现金"和"银行存款"之间的相互划转业务,如将现金存入银行或从银行提取现金,为了避免重复记账,一般只填制付款凭证,不再填制收款凭证。（ ）

10. 对于需要按月结计发生额的明细账,每月结账时,应在"本期合计"字样下面划通栏单红线。（ ）

11. 各种账务处理程序之间的主要区别在于登记总分类账的依据和方法不同。（ ）

12. 科目汇总表不仅能起到试算平衡的作用,而且可以反映各个账户之间的对应关系。   (   )

13. 附注是财务报表不可或缺的组成部分。   (   )

14. 财务报告包括财务报表和其他应当在财务报告中披露的相关信息和资料。
                                                            (   )

五、案例分析题

光明工厂于 2×21 年 1 月 1 日购买一台设备,预计使用年限为 10 年,截至 2×22 年 12 月 31 日,该设备在不同计量属性下的金额如下表所示。

设备计量属性表   单位:元

内容	金额	计量属性
2×21 年 1 月 1 日,以银行存款 150 000 元购进	150 000	1
2×22 年 12 月 31 日,如果重新购买一台已使用 3 年的相同或相似设备,预计将支付的全部款项为 130 000 元	130 000	2
2×21 年 2 月 3 日,如果该设备出售,预计售价为 25 000 元,出售时支付的各项费用合计为 5 000 元	20 000	3
该设备可以继续使用 7 年,预计每年带来的收益为 15 000 元,共计 105 000 元,将未来的收益折算为 2×22 年 12 月 31 日的价值为 97 000 元	97 000	4
与该设备相似的设备市场价格为 125 000 元	125 000	5

要求:根据以上资料,确认每一项金额的计量属性。

六、思考题

企业的会计循环是什么?

第三章 会计科目与账户

一、学习目的与要求

1. 学习目的

通过对本章的学习,在理解会计科目内容的基础上,对账户的结构形成真正的认识,并领会会计科目与账户的关系。

2. 学习要求

(1) 掌握会计科目的内容;

(2) 掌握账户的结构;

(3) 理解会计科目与账户的关系;

(4) 理解设置账户的必要性。

二、内容概览

1. 关键概念

会计科目、会计账户。

2. 关键问题

(1) 会计科目设置的原则;

(2) 会计科目与账户的关系;

(3) 账户的结构。

三、重点与难点

1. 重点

会计科目的内容;会计科目与账户的关系;会计科目按反映的经济内容分类情况。

2. 难点

(1) 会计科目与账户之间的关系；

(2) 账户结构。

练 习 题

一、名词解释

1. 会计科目　　　　　　　2. 账户

3. 总分类科目　　　　　　4. 明细分类科目

二、单项选择题

1. 下列各项中,体现会计科目设置特点的是(　　)。

　A. 会计对象　　B. 会计职能　　C. 会计本质　　D. 会计定义

2. 下列各项中,会计科目是对(　　)的进一步分类。

　A. 会计对象　　B. 会计账簿　　C. 会计要素　　D. 会计主体

3. 下列各项中,体现账户结构特点的是(　　)。

　A. 分为左、右两方　　　　　　B. 分为上、下两部分

　C. 分为发生额、余额两部分　　D. 分为前、后两部分

4. "对于会计对象的具体内容进行分类核算的标志"被称为(　　)。

　A. 会计科目　　B. 会计要素　　C. 会计账户　　D. 会计报表

5. 下列各项中,体现工业企业会计对象特点的会计科目是(　　)。

　A. "主营业务成本"　　　　　B. "生产成本"

　C. "在途物资"　　　　　　　D. "本年利润"

6. 下列各项中,属于账户开设依据的是(　　)。

　A. 会计对象　　　　　　　　B. 会计报表

C. 会计制度规定　　　　　　　D. 会计科目

7. 下列账户中,反映企业收入情况的是(　　)。

    A. "本年利润"　　　　　　　B. "营业外收入"

    C. "利润分配"　　　　　　　D. "盈余公积"

8. 下列总分类账户中,可以不设置明细分类账户的是(　　)。

    A. "利润分配"　　　　　　　B. "在途物资"

    C. "本年利润"　　　　　　　D. "实收资本"

9. 下列账户中,反映资产情况的是(　　)。

    A. "利润分配"　　　　　　　B. "实收资本"

    C. "累计折旧"　　　　　　　D. "主营业务成本"

10. 下列各项中,属于实账户的是(　　)。

    A. "在途物资"　　　　　　　B. "主营业务成本"

    C. "管理费用"　　　　　　　D. "主营业务收入"

三、多项选择题

1. 设置会计科目是会计的基本核算方法,下列各项中,以设置会计科目为基础的有(　　)的有机结合。

    A. 账户开设　　　　　　　　B. 报表结构设计

    C. 成本计算　　　　　　　　D. 填制凭证

    E. 财产清查

2. 下列各项中,体现账户特点的有(　　)。

    A. 按相反方向记录增加额和减少额

    B. 账户的余额一般与记录的增加额在同一方向

    C. 本期期初余额与上期的期末余额在同一方向

    D. 上期的期末余额等于本期的期初余额

    E. 上期的期初余额等于本期的期初余额

3. 下列各项中,反映非流动资产的账户有(　　)。

    A. "固定资产"　　　　　　　B. "累计折旧"

C. "实收资本" D. "库存商品"

E. "其他应收款"

4. 下列各项中,反映负债的账户有( )。

A. "预收账款" B. "预付账款"

C. "应收账款" D. "应付账款"

E. "其他应付款"

5. 下列各项中,反映所有者权益的账户有( )。

A. "实收资本" B. "盈余公积"

C. "本年利润" D. "利润分配"

E. "应付利润"

6. 下列各项中,反映收入情况的账户有( )。

A. "本年利润" B. "利润分配"

C. "主营业务收入" D. "营业外收入"

E. "所得税费用"

7. 下列各项中,反映费用情况的账户有( )。

A. "生产成本" B. "在途物资"

C. "其他应收款" D. "主营业务成本"

E. "管理费用"

8. 下列各项中,需要设置明细分类账户的总分类账户有( )。

A. "累计折旧" B. "本年利润"

C. "利润分配" D. "银行存款"

E. "实收资本"

9. 下列各项中,体现会计科目和账户之间区别的有( )。

A. 账户是分类的项目

B. 账户记录经济业务的内容

C. 会计科目提供具体的数据资料

D. 账户登记经济业务增减变动的结构

E. 账户提供具体的数据资料

10. 下列各项中,反映资产增减变动情况的账户有(　　)。

A. "固定资产"　　　　　　　　B. "本年利润"

C. "累计折旧"　　　　　　　　D. "利润分配"

E. "其他应收款"

四、判断题

1. 设置会计科目,是根据会计对象的具体内容和经济管理的要求,事先规定分类核算的项目或标志的一种专门方法。　　　　　　　　　　　　　　(　　)

2. 所有账户都是依据会计科目设置的。　　　　　　　　　　　　　(　　)

3. 设置会计科目,是将性质相同的信息给予约定的分类项目。　　　(　　)

4. 会计科目和账户均是对经济业务进行分类的项目。　　　　　　　(　　)

5. 所有账户的左边均记录增加额,右边均记录减少额。　　　　　　(　　)

6. 企业的货币资金是一种资产,因此将其划分成一个类别。　　　　(　　)

7. 在每一个会计科目名称的项下,都要有明确的含义、核算范围。　(　　)

8. 企业的会计科目是根据《企业会计准则——基本准则》的要求设置的。
　　　　　　　　　　　　　　　　　　　　　　　　　　　　　　　(　　)

9. 一般情况下,账户的余额与增加额在一方。　　　　　　　　　　(　　)

10. 账户的左右两方是按相反方向来记录增加额和减少额的。　　　(　　)

五、会计核算题

某企业相关业务项目如下:

1. 房屋及建筑物;

2. 工作机器及设备;

3. 运输汽车;

4. 库存生产用钢材;

5. 存放在银行的款项;

6. 由出纳人员保管的款项；

7. 应收某厂的货款；

8. 暂付职工差旅费；

9. 从银行借入的款项；

10. 应付给光华厂的材料款。

要求：根据以上项目说明其所属的会计科目，并从会计要素的角度分析各会计科目的类别。

六、思考题

1. 设置会计科目有何意义？

2. 设置会计科目应遵循的原则有哪些？

3. 会计科目与账户之间是什么关系？

第四章 复式记账及其应用

一、学习目的与要求

1. 学习目的

通过本章的学习,在理解复式记账基本原理的基础上,领会借贷记账法的内容,并掌握账户平行登记方法以及一般企业主要交易或事项的具体账务处理,进一步理解并熟悉账户设置、会计假设、权责发生制、会计信息质量要求等会计基本概念的具体应用。

2. 学习要求

(1) 理解并掌握借贷记账法下借贷符号的含义、账户结构、记账规则、会计分录的含义及形式;

(2) 掌握一般企业主要交易或事项的具体账务处理;

(3) 能够熟练应用借贷记账法并透彻理解会计要素的确认与计量。

二、内容概览

1. 关键概念

复式记账、借贷记账法、记账符号、记账规则、会计分录、简单会计分录、复合会计分录、试算平衡、发生额平衡法、余额平衡法、筹资活动、经营活动、供应过程、生产过程、销售过程、材料采购实际成本、生产成本、完工产品成本结转、制造费用、累计折旧、营业收入、营业成本、主营业务收入、主营业务成本、销售费用、营业利润、利润总额、净利润、经营成果分配。

2. 关键问题

本章不再单纯探讨某一种会计方法或某些方面的会计基本理论,而是对前几章已经学习过的相关会计理论和方法、会计记录方法加以综合应用。本章交易或事项的内容均选自一般企业中的产品生产企业,这样做主要是考虑这类企业与其他一般企业相比,经营活动内容更加丰富,所发生的交易或事项也相应纷繁复杂。在对交易或事项的账务处理进行探讨的过程中,可以更多地运用前面所学的所有会计理论和会计方法知识,从而达到理想的学习效果。本章涉及的产品生产企业的交易或事项内容广泛而系统。本章根据现行《企业会计准则》的有关规定,考虑到财务报表变革的新趋势,对产品生产企业主要交易或事项的内容重新进行了整合,从筹资活动、经营活动、投资活动和经营成果的形成与分配几个主要方面进行了分类,目的是使交易或事项的类别与可能变动的资产负债表、利润表等对企业交易或事项的分类一致。因此,本章的关键问题在于:

(1) 将会计理论和会计方法进一步与企业的实际相结合;

(2) 通过对企业交易或事项的处理,更加全面地了解会计需要处理的交易或事项的内容,更加熟练、扎实、系统地掌握学习过的会计基本理论和会计方法知识。

三、重点与难点

1. 重点

(1) 借贷记账法的理论基础及其内容;

(2) 运用借贷记账法记录工业企业供产销业务。

对各类交易或事项的账务处理分别从以下三个方面进行了探讨,即账户设置、记账凭证、会计分录填制和账户登记。学习者应重点把握这些交易或事项处理上的全面性、系统性及其相互联系。在对各类交易或事项进行探讨的过程中,本章融入了前面所有学习过的会计基本理论,如会计目标、会计假设、会计要素,特别是收入和费用要素及其确认与计量、会计信息质量要求和权责发生制。因此,本章的学习重点虽然是各种具体交易或事项的账务处理,但学习者在学习过程中不能只关注账务处理方法的应用,还应在交易或事项的账务处理过程中,认真体验会计理论对会计实践的重要指导作用,以及会计方法的系统应用所体现的综合效果。

2. 难点

(1) 对借贷记账法本身的理解；

(2) 在实际中,对于转账业务的理解和实际操作；

(3) 重点账户的结构和使用。

将本章中各类交易或事项的处理所应用的账户联系起来,会形成多个账户子系统,如资金筹集账户子系统、经营活动账户子系统、投资活动账户子系统,以及财务成果形成与分配账户子系统;将这些账户子系统集合起来,会形成企业处理各类交易或事项的完整账户系统。从账户系统的角度去观察账户,学习者会对每一个账户在整个账户体系中的地位及其作用有一个全新的认识,有利于对账户的深刻理解和熟练应用。

练 习 题

一、名词解释

1. 复式记账　　　　　　2. 借贷记账法

3. 记账符号　　　　　　4. 记账规则

5. 简单会计分录　　　　6. 复合会计分录

7. 试算平衡　　　　　　8. 材料的采购成本

9. 生产成本　　　　　　10. 制造费用

11. 累计折旧　　　　　　12. 主营业务收入

13. 主营业务成本　　　　14. 销售费用

15. 营业收入　　　　　　16. 营业成本

17. 利润分配　　　　　　18. 盈余公积

19. 营业利润　　　　　　20. 利润总额

二、单项选择题

1. 企业未设置"预付账款"科目,发生预付账款业务时应借记的会计科目是(   )。

    A. "预收账款" B. "其他应付款"

    C. "应收账款" D. "应付账款"

2. 我国《企业会计准则》规定,中国境内的所有企业统一使用(   )进行会计核算。

    A. 借贷记账法 B. 增减记账法

    C. 收付记账法 D. 加减记账法

3. 某公司年初未分配利润为 1 000 万元,当年实现净利润 500 万元,按 10% 提取法定盈余公积,5% 提取任意盈余公积,宣告发放现金股利 100 万元,不考虑其他因素,该公司年末未分配利润为(   )万元。

    A. 1 450 B. 1 475 C. 1 325 D. 1 400

4. 借贷记账法的发生额试算平衡是指(   )。

    A. 资产借方发生额等于负债贷方发生额

    B. 资产借方发生额等于所有者权益贷方发生额

    C. 全部会计账户的借方发生额等于全部会计账户的贷方发生额

    D. 资产借方发生额等于资产贷方发生额

5. 借贷记账法下记账符号"借"表示(   )。

    A. 资产增加,权益减少 B. 资产减少,权益增加

    C. 资产增加,权益增加 D. 资产减少,权益减少

6. 采用借贷记账法,哪方记增加,哪方记减少,是根据(   )。

    A. 每个账户的基本性质

    B. 企业习惯的记法

    C. 贷方记增加,借方记减少的规则

    D. 借方记增加,贷方记减少的规则

7. 某企业计提生产车间管理人员基本养老保险费 120 000 元。下列各项中,关于该事项的会计处理正确的是(　　)。

　　A. 借:管理费用　　　　　　　　　　　　　　　　120 000
　　　　　贷:应付职工薪酬　　　　　　　　　　　　　　　　120 000

　　B. 借:制造费用　　　　　　　　　　　　　　　　120 000
　　　　　贷:应付职工薪酬　　　　　　　　　　　　　　　　120 000

　　C. 借:制造费用　　　　　　　　　　　　　　　　120 000
　　　　　贷:银行存款　　　　　　　　　　　　　　　　　　120 000

　　D. 借:制造费用　　　　　　　　　　　　　　　　120 000
　　　　　贷:其他应付款　　　　　　　　　　　　　　　　　120 000

8. 以银行存款 2 000 元偿还前欠货款,这一事项对会计平衡公式的影响是(　　)。

　　A. 资产和负债同时减少 2 000 元,不破坏会计平衡公式
　　B. 资产和负债同时增加 2 000 元,不破坏会计平衡公式
　　C. 资产的不同项目此增彼减,资产总额不变
　　D. 负债与所有者权益此增彼减,权益总额不变

9. 企业将 2 000 元现金存入银行,企业的资产总额(　　)。

　　A. 增加 2 000 元　　　　　　　　B. 减少 2 000 元
　　C. 不变　　　　　　　　　　　　D. 减少 4 000 元

10. 企业生产车间使用的固定资产计提折旧,应借记的科目是(　　)。

　　A. "生产成本"　　　　　　　　　B. "管理费用"
　　C. "销售费用"　　　　　　　　　D. "制造费用"

11. 某企业 12 月 1 日"原材料"账户借方金额为 1 万元。12 月发生以下业务:采购原材料,价值 20 万元,其中 16 万元以银行存款支付,其余货款暂欠;车间领用材料,价值 15 万元。根据以上资料,该企业 12 月 31 日"原材料"账户余额为(　　)。

　　A. 借方 2 万元　　　　　　　　　B. 贷方 4 万元
　　C. 借方 6 万元　　　　　　　　　D. 贷方 10 万元

12. 甲企业为增值税一般纳税人,本期外购原材料一批,买价为 10 000 元,增值税为 1 300 元,已取得增值税专用发票,入库前发生挑选整理费 500 元。该原材料的入账价值为(　　)元。

   A. 10 000　　　　B. 11 800　　　　C. 10 500　　　　D. 12 200

13. 某一般纳税人购进材料一批,货款为 70 000 元,增值税为 9 100 元,对方代垫运杂费 500 元,则该笔业务"应付账款"的入账价值为(　　)元。

   A. 79 600　　　　B. 70 500　　　　C. 70 000　　　　D. 81 200

14. 已售产品成本的结转应从(　　)账户转入主营业务成本账户。

   A. "制造费用"　　　　　　　B. "生产成本"
   C. "在途物资"　　　　　　　D. "库存商品"

15. "本年利润"账户年内的贷方余额表示(　　)。

   A. 利润分配额　　　　　　　B. 未分配利润额
   C. 净利润额　　　　　　　　D. 亏损额

16. 下列费用中,不构成产品成本的有(　　)。

   A. 直接材料费　　　　　　　B. 直接人工费
   C. 制造费用　　　　　　　　D. 期间费用

三、多项选择题

1. 在下列账户中,与资产账户结构相反的有(　　)。

   A. 负债　　　B. 费用　　　C. 收入　　　D. 支出
   E. 所有者权益

2. 按借贷记账法的要求,下列会计事项登记在贷方的有(　　)。

   A. 资产增加　　　　　　　　B. 负债增加
   C. 费用增加　　　　　　　　D. 所有者权益增加
   E. 收入增加

3. 在下列账户中,属于损益类账户的有(　　)。

   A. "所得税费用"　　　　　　B. "投资收益"

C. "制造费用" D. "生产成本"

E. "管理费用"

4. 所有者权益的构成项目有( )。

A. 实收资本 B. 资本公积 C. 盈余公积 D. 未分配利润

E. 应收账款

5. 下列各项中,属于引起会计等式左右两边会计要素变动的经济业务有( )。

A. 收到某单位前欠货款 2 万元并存入银行

B. 以银行存款偿还银行借款

C. 收到某单位投来机器一台,价值 80 万元

D. 以银行存款偿还前欠货款 10 万元

E. 购买材料 8 000 元,以银行存款支付货款

6. 计提固定资产折旧可能会借记的会计科目有( )。

A. "制造费用" B. "销售费用"

C. "管理费用" D. "其他业务成本"

E. "财务费用"

7. 下列关于固定资产特征的表述中,正确的有( )。

A. 固定资产为有形资产

B. 固定资产的变现能力很弱

C. 固定资产属于长期资产

D. 固定资产的使用寿命超过一个会计年度

E. 固定资产是为生产商品、提供劳务、出租或经营管理而持有的

8. 下列费用中,应计入制造费用的有( )。

A. 车间办公费 B. 车间设备折旧费

C. 车间机物料消耗 D. 车间管理人员的工资

E. 生产车间财产保险费

9. 产品在生产过程中发生的各项生产费用按其经济用途分类构成产品成本

项目,具体包括(　　)。

A. 直接材料　　B. 直接人工　　C. 管理费用　　D. 销售费用

E. 制造费用

四、判断题

1. 所有账户都是依据会计科目开设的。　　　　　　　　　　　　(　　)
2. 借贷记账法的"借"和"贷"只表示记账方向,其本身的汉字无含义。(　　)
3. 根据明细分类科目开设的账户叫作明细账户。　　　　　　　　(　　)
4. 采用复式记账法时,任何经济业务都必须在两个账户中登记。　(　　)
5. 在交易和事项的处理过程中所形成的账户之间的应借、应贷关系称为账户的对应关系。　　　　　　　　　　　　　　　　　　　　　　　　(　　)
6. 编制复合分录简化了记账手续,节约了时间,因此,应尽可能合并简单分录。
　　　　　　　　　　　　　　　　　　　　　　　　　　　　　(　　)
7. 收入类账户与费用类账户一般没有期末余额,但有期初余额。　(　　)
8. 一笔复合会计分录可以分解成几笔简单会计分录。　　　　　　(　　)
9. 企业收到产品预收款时应立即确认为产品销售收入。　　　　　(　　)
10. 企业接受捐赠机器一台,计价10万元,该项经济业务会引起收入增加,权益增加。　　　　　　　　　　　　　　　　　　　　　　　　　　　(　　)
11. 企业的资金筹集业务按其资金来源通常分为所有者权益筹资和负债筹资。
　　　　　　　　　　　　　　　　　　　　　　　　　　　　(　　)
12. "生产成本"账户借方余额表示在产品的生产成本。　　　　　(　　)
13. 管理费用是企业行政管理部门为组织和管理生产经营活动而发生的费用,包括行政人员的工资薪酬、办公费、折旧费、广告宣传费、借款利息等。(　　)
14. 利润总额扣除所得税费用后的利润为净利润,也称税后利润。　(　　)
15. 某企业期初资产总额100万元,本期取得借款6万元,收回应收账款7万元,用银行存款8万元偿还应付款,该企业期末资产总额为105万元。(　　)
16. 生产成本是指与企业日常生产经营活动有关的费用,按其经济用途可以

分为直接材料、直接人工和制造费用。　　　　　　　　　　　　（　　）

五、会计核算题

（一）宏远公司 2×21 年 5 月 1 日各总分类账账户余额如表所示。

总分类账账户余额　　　　　　　　　　　　单位：元

账户	余额	账户	余额
库存现金	1 000	短期借款	190 000
银行存款	64 500	应付账款	78 000
应收账款	86 000	其他应付款	21 500
库存商品	140 000	应付职工薪酬	10 000
固定资产	600 000	实收资本	400 000
无形资产	8 000	资本公积	200 000

该公司 5 月份发生下列经济业务（不考虑相关税费）：

（1）从银行借入短期借款 100 000 元存入银行存款账户。

（2）从银行存款中提取现金 200 元备用。

（3）购进甲材料 10 吨，每吨单价 100 元，货款以银行存款支付，材料已验收入库。

（4）以银行存款偿还前欠大海公司材料款 50 000 元。

（5）车间生产产品 X 领用丙材料 5 吨，每吨成本 400 元。

（6）销售 A 产品 25 台，每台售价 400 元，收到货款存入银行。

（7）购进乙材料 100 吨，每吨单价 300 元，货款尚未支付，材料已验收入库。

（8）销售 A 产品 6 台，每台售价 400 元，销货款尚未收到。

（9）以银行存款购进设备一台，价值 50 000 元。

（10）从银行存款中支付应计入管理费用的公司本月水电费 1 250 元。

（11）公司接受大成集团追加的投资款 1 000 000 元，存入银行。

（12）以银行存款 20 000 元归还银行短期借款。

要求：

1. 根据宏远公司 5 月份的经济业务，编制会计分录并记入各有关账户。

2. 结出各账户的本期发生额和期末余额。

3. 编制宏远公司5月份的总分类账户本期发生额及余额试算平衡表,进行试算平衡。

(二) 宏远公司2×21年7月发生如下经济业务:

(1) 收到某外商投入的大型设备一套,价值1 200 000元,增值税进项税额为156 000元,设备已运达公司投入生产使用。

(2) 用银行存款归还到期的短期借款本金500 000元。

(3) 收到某公司投入的原材料一批,确认的价值为800 000元。

(4) 开出现金支票从银行提取现金10 000元备用。

(5) 某企业投入商标权一项,双方确认的价值为60 000元。

(6) 收到银行通知,某公司投入的资金700 000元已入账。

(7) 由于临时性资金需要,向银行借入期限为半年的借款70 000元存入公司账户。

(8) 以银行存款偿还到期的长期借款,共计910 000元。

要求:

1. 根据上述资料,编制会计分录。

2. 登记"银行存款"的总分类账,假定"银行存款"账户的期初余款为800 000元,计算其本期发生额和期末余额(采用T形账户)。

(三) 某企业为增值税一般纳税人,适用的增值税税率为13%。2×21年12月1日,该企业"原材料——甲材料"科目期初结存数量为2 000千克,单位成本为15元,未计提存货跌价准备。

12月份发生有关甲材料收发业务或事项如下:

(1) 10日,购入甲材料2 020千克,增值税专用发票上注明的价款为32 320元,增值税税额为4 201.6元,销售方代垫运杂费2 680元(不考虑增值税),运输过程中发生合理损耗20千克。材料已验收入库,款项尚未支付。

(2) 20日,销售甲材料100千克,开出的增值税专用发票上注明的价款为2 000元,增值税税额为260元,材料已发出,并已向银行办妥托收手续。

(3) 25日,本月生产产品耗用甲材料3 000千克,生产车间一般耗用甲材料100千克。

(4) 31日,采用月末一次加权平均法计算结转发出甲材料成本。

要求:根据上述资料,计算并编制会计分录。

(四) 甲公司为增值税一般纳税人,适用的增值税率为13%,2×21年12月初,该公司"应收账款——乙公司"科目借方余额为30万元,"应收账款——丙公司"科目贷方余额为20万元。该公司未设置"预收账款"科目。2×21年12月,该公司发生相关经济业务如下:

(1) 3日,向乙公司销售M产品1 000件,开具增值税专用发票注明的价款10万元,增值税税额为1.3万元,产品已发出,款项尚未收到。

(2) 13日,向丙公司销售一批H产品,开具增值税专用发票注明的价款为30万元,增值税税额为3.9万元。丙公司于上月预付20万元,款项已存入银行。

(3) 20日,收回乙公司应收账款11.3万元,款项已存入银行。

要求:根据上述经济业务,编制会计分录。

(五) 宏远公司2×21年11月发生如下经济业务:

(1) 收到银行转来的进账通知单,上月的销货款95 000元已收妥入账。

(2) 以现金支付产品的包装费1 300元。

(3) 向德宝公司销售产品一批,价款为300 000元,增值税税额为39 000元,用银行存款支付代垫运费2 500元,全部款项暂未收到。

(4) 经计算,本月应负担的城市维护建设税为3 800元。

(5) 为销售产品做宣传领用材料一批,价值14 000元。

(6) 销售产品一批,价款200 000元,增值税税率为13%,收到对方签发并承兑银行承兑汇票一张。

(7) 收到银行通知,到期的商业承兑汇票70 000元票款已收讫。

(8) 销售产品开具的增值税专用发票注明:价款100 000元,增值税税额13 000元,收到对方签发的全部款项的转账支票一张。

(9) 结转本月已销产品的实际生产成本为320 000元。

(10) 计提销售机构所使用固定资产的折旧费 1 700 元。

(11) 结转销售机构人员工资等职工薪酬 1 710 元。

(12) 以现金支付专设销售机构的办公用品费 950 元。

要求：根据上述经济业务，编制会计分录。

(六) 宏远公司 2×21 年 12 月发生如下经济业务：

(1) 采购员陈明回公司报销差旅费 1 600 元（原借支 2 000 元），余款以现金退回。

(2) 以银行存款缴纳上月的应交税费 124 000 元。

(3) 用库存现金从税务机关购入印花税票 400 元。

(4) 经计算，本期应付短期借款利息费用为 35 000 元。

(5) 以银行存款支付产品的广告费 20 000 元。

(6) 交易中因对方违约，公司获取赔偿 50 000 元，存入银行。

(7) 以银行存款支付因违约而发生的罚款支出 30 000 元。

(8) 经计算，本月应交城市维护建设税 3 400 元。

(9) 销售产品 800 件，单价 500 元，共计 400 000 元，增值税税率为 13%，款已通过银行收讫。

(10) 经计算，本月应付职工工资 262 800 元，其中：生产甲产品工人工资 180 000 元，车间管理人员工资 32 800 元，公司管理人员工资 50 000 元。

(11) 从银行提取现金 262 800 元，并发放工资。

(12) 收到长安工厂通过银行转来的前欠货款 59 500 元。

(13) 以银行存款支付前欠金星工厂货款 2 000 元，前欠大明工厂货款 15 000 元。

(14) 销售给长安工厂产品 500 件，单价 400 元，共计 200 000 元，增值税税率为 13%，货款尚未收到。

(15) 以银行存款支付本月电费 20 000 元，其中：生产车间耗用 18 000 元，公司管理部门耗用 2 000 元。

(16) 以库存现金 600 元支付生产车间修理费。

(17) 用库存现金 800 元为行政部门购买办公用品。

(18) 经计算,本月已销产品的生产成本为 430 000 元,予以结转。

(19) 月末将本月应计入损益的收入予以结转。

(20) 月末将本月应计入损益的费用予以结转。

(21) 根据利润总额和 25％的所得税税率计算并计提本月应缴纳的所得税。

(22) 月末结转本月的所得税费用。

(23) 按照本月实现的净利润的 10％提取盈余公积。

(24) 经计算,应向投资者分配利润 50 000 元。

(25) 以银行存款支付应向投资者分配的利润 28 000 元。

要求:根据上述经济业务,编制会计分录。

六、案例分析题

安信公司是投资者 A、B、C 三个人于 2×20 年 12 月 31 日创建的。由于这三个合伙人过去一直从事技术工作,对会计知识不了解,在公司日常经营中,这三个人分别遇到了以下几个问题:

1. A 认为,公司是自己与 B、C 合伙经营的,并且彼此之间关系非常密切,在经济上不分你我,公司缺少现金时便从家里拿,家里用钱、用东西也从公司取,个人与公司之间类似这样的资金活动也没单独记账。到了年底,A 问会计:今年安信公司是赚钱了,还是赔钱了？会计说:这很难回答!

2. 2×21 年 12 月 31 日,B 听完会计对过去一年的财务情况汇报后,对会计讲道:"现在生意不好做,风险很大,企业不一定什么时候就会倒闭。你们要考虑如何采用对企业有利的会计方法,减少风险,增加利润。"进入 2×22 年,市场疲软,企业效益下滑。6 月 30 日,B 查看会计账簿时,发现固定资产仍按预计的 8 年计提折旧;2×22 年 1 月 1 日向工商银行借入的 3 年借款,仍按 3 年计提借款利息。B 立即指责会计:"这样处理是错误的,固定资产不应再计提折旧,银行借款也不应再计提利息。"

3. 安信公司对外承包一工程项目,工期 3 年。签订施工合同后,三个合伙人商定由 C 负责该项目,并规定每年 12 月 31 日根据工程利润的 30% 提取一笔积累,为添置设备做准备。C 提出疑问:"工程还没有结束,各项业务都正在进行中,最终结果还不能确定,每年 12 月 31 日工程利润如何计算?"A、B 说,具体计算方法去找会计解决。C 把 A、B 的想法和他的疑问向会计作了说明,会计说:"这好办!"

4. 安信公司具有优越的地理位置和良好的服务质量,赢得了广大客户的信赖,该公司效益渐渐高于其他同行。2×22 年会计报表编制完毕。A 看完会计报表后认为,应在报表中将企业这种优越的地理位置、良好的服务质量、比较高的信誉指数等情况反映在报表中,指示会计增加上述内容。会计听后感到很为难。

根据上述资料,回答以下问题:

1. 资料 1 中,会计为什么很难回答 A 的问题?

2. 资料 2 中,B 指责并认为会计固定资产不应计提折旧,借款也不应再计提利息费用,这种指责是否正确?说明理由。

3. 资料 3 中,C 把 A、B 的想法和他的疑问向会计说明后,会计为什么说这个问题好解决?

4. 将企业生产经营活动人为地划分为不同的会计期间,为下面哪些会计方法提供了依据?(　　)

　　A. 对费用进行预提处理　　　　B. 对股权投资采用权益法核算

　　C. 对存货计提跌价准备　　　　D. 对期末利润采用表结法

　　E. 将赊销商品作为应收款处理

5. 资料 4 中,会计对 A 提出的要求感到很为难,为什么?

七、思考题

1. 复式记账法的特点和种类是什么?

2. 借贷记账法的基本内容是什么?

3. 什么是借贷记账法的试算平衡?

4. 制造企业有哪些主要的经济业务?

5. 制造企业对购进业务进行核算时应设置哪些账户？应如何核算？
6. 制造企业对生产业务进行核算时应设置哪些账户？应如何核算？
7. 制造企业对销售业务进行核算时应设置哪些账户？应如何核算？
8. 如何进行利润的核算？

第五章 账户的分类

一、学习目的与要求

1. 学习目的

通过对本章的学习,在理解账户分类意义和标准的基础上,对不同类账户的基础概念形成真正的认识;掌握不同账户的余额特征与计算方法,并运用其处理业务;将不同的业务与其相应的账户匹配,掌握不同账户之间的联系和勾稽关系。

2. 学习要求

(1) 理解账户分类的意义;

(2) 掌握用不同分类标准对账户进行分类的目的和账户的使用方法;

(3) 具备将业务涉及的科目归类至相应账户的能力;

(4) 理解不同分类标准下账户之间的关系;

(5) 掌握不同分类标准下账户余额的通常特点;

(6) 具备计算和结转账户期末余额的能力。

二、内容概览

1. 关键概念

账户的经济内容、资产类账户、负债类账户、收益类账户、成本费用类账户、盘存账户、资本账户、结算账户、成本计算账户、备抵附加账户、总分类账户、明细分类账户。

2. 关键问题

企业在进行会计核算与会计监督的过程中,要设置一套互相关联的账户来反映各式各样的经济业务,这些互相关联的账户就构成了一个账户体系,会计账户体系中的任何一个账户都只能记录某一方面的经济业务与经济信息;在认识各个账户特性的基础上,概括它们的共性,从理论上研究账户之间的内在联系,明确各个账户在整个账户体系中的地位与作用,掌握各类账户在提供会计信息方面的规律性。这些就是账户的分类探讨的内容。因此,本章的关键问题在于:

(1) 不同的账户分类标准的作用;

(2) 不同账户分类的实务用途;

(3) 不同业务对应的账户;

(4) 基于不同的账户处理方法,计算账户余额;

(5) 基于不同账户之间的内在联系,计算期末账户余额。

三、重点与难点

1. 重点

账户分类的标准和意义;不同账户分类的内容;不同账户分类的业务处理方式;账户之间的内在联系。

2. 难点

(1) 不同账户分类的标准,不同分类标准下包含哪些账户,这些账户所包含的业务内容。

(2) 不同账户的内在联系,实现不同账户账户余额之间的结转和结算。

练 习 题

一、名词解释

1. 会计账户的经济内容　　　　2. 资产类账户

3. 负债类账户　　　　　　　　4. 盘存账户

5. 资本账户　　　　　　　　6. 总分类账户

二、单项选择题

1. (　　)是对会计要素的具体内容进行分类核算的项目。

A. 会计对象　　B. 会计科目　　C. 会计账户　　D. 明细分类账

2. 企业在不违背会计科目使用原则的基础上,根据企业实际情况,设置本企业特有的会计科目。这种做法符合会计科目设置的(　　)。

A. 合法性原则　　　　　　B. 相关性原则
C. 实用性原则　　　　　　D. 可靠性原则

3. 企业在一定期间内实现的经营成果最终要归属于所有者权益,所以将(　　)归类到所有者权益类账户。

A. "投资收益"　　　　　　B. "本年利润"
C. "营业外收入"　　　　　D. "主营业务收入"

4. 会计科目按其所提供信息的详细程度及其统驭关系不同,分为(　　)和明细分类科目。

A. 二级明细科目　　　　　B. 总分类科目
C. 三级明细科目　　　　　D. 特殊明细科目

5. 根据科目内容,计入成本类账户的是(　　)。

A. 主营业务成本　　　　　B. 制造费用
C. 管理费用　　　　　　　D. 其他业务成本

6. 下列关于会计账户增减变化的表述,不正确的是(　　)。

A. 资产增加,所有者权益增加会计,等式成立
B. 负债减少,所有者权益增加会计,等式成立
C. 负债增加,所有者权益减少会计,等式成立
D. 负债减少,所有者权益减少会计,等式成立

7. 下列各项表述中,正确的是(　　)。

A. 与会计科目的分类相对应,账户也分为总分类账户和明细分类账户

B. "本年利润"账户是指将收入与费用进行配比的账户,因此,属于损益类账户

C. "营业外支出"不属于损益类账户

D. 账户是对会计要素的具体内容进行分类核算的项目

8. "应付账款"账户期初贷方余额为1 000元,本期贷方发生额为5 000元,本期贷方余额为2 000元,该账户借方发生额为(　　)元。

A. 4 000　　　B. 3 000　　　C. 2 000　　　D. 1 000

9. 下列各账户中,与"应付职工薪酬"账户结构相同的是(　　)。

A. "固定资产"　　　　　　B. "主营业务收入"

C. "管理费用"　　　　　　D. "实收资本"

10. 下列各项中,会导致试算不平衡的因素是(　　)。

A. 重记某项经济业务　　　B. 漏记某项经济业务

C. 借方多记金额　　　　　D. 借贷科目用错

11. 企业收到包装物押金款项,该项经济业务发生后,应在借记"库存现金"科目的同时,贷记(　　)类账户。

A. 资产　　　B. 负债　　　C. 收入　　　D. 所有者权益

12. 总分类账与其所属明细账之间的核对,是依据(　　)原理。

A. 复式记账法　　　　　　B. 借贷记账法

C. 平行登记　　　　　　　D. 会计恒等式

三、多项选择题

1. 账户中各项金额的关系可用(　　)表示。

A. 本期期末余额＝期初余额＋本期增加发生额－本期减少发生额

B. 期初余额＋本期增加发生额＝本期期末余额＋本期减少发生额

C. 本期期末余额＝本期增加发生额＋本期减少发生额

D. 本期期初余额＝上期期末余额

E. 对于所有者权益账户,本期期末余额＝期初贷方余额＋本期借方发生额－

本期贷方发生额

2. 下列说法正确的有（　　）。

A. 账户的期末余额等于期初余额

B. 余额一般与增加额在同一方向

C. 账户的借方发生额等于贷方发生额

D. 如果一个账户的左方记增加额，右方就记减少额

E. 余额一般与减少额在同一方向

3. 关于账户与会计科目的联系和区别，下列表述中正确的有（　　）。

A. 会计科目是账户的名称，账户是会计科目的具体运用

B. 会计科目与账户两者口径一致，性质相同

C. 会计科目不存在结构，账户则具有一定的格式和结构

D. 会计科目可以记录经济业务的增减变化及其结果

E. 账户的作用是开设会计科目，会计科目的作用则是提供会计资料

4. 在借贷记账法下，关于成本类账户，下列说法中正确的有（　　）。

A. 借方登记增加额　　　　B. 贷方登记减少额

C. 期末一定没有余额　　　D. 期末余额一般在借方

E. 期末余额一定在借方

5. 在借贷记账法下，下列关于"生产成本"账户结构描述中错误的有（　　）。

A. 贷方登记增加额　　　　B. 借方登记减少额

C. 期末余额一般在借方　　D. 可能没有期末余额

E. 期末肯定没有余额

6. 下列账户内部关系中，正确的有（　　）。

A. 资产类账户期末余额＝期初余额＋本期贷方发生额－本期借方发生额

B. 资产类账户借方发生额合计大于、等于、小于贷方发生额合计都有可能出现

C. 权益类账户期末余额＝期初余额＋本期借方发生额－本期贷方发生额

D. 权益类账户期末余额＝期初余额＋本期贷方发生额－本期借方发生额

E. 资产类账户期末余额＝期初余额＋本期借方发生额－本期贷方发生额

7. 复式记账下,期末余额一般情况下在贷方的有(　　)账户。

A."应付账款"　B."预收账款"　C."银行存款"　D."短期借款"

E."库存商品"

8. 复式记账下,期末余额一般情况下在借方的有(　　)账户。

A."实收资本"　B."应收账款"　C."固定资产"　D."应付账款"

E."银行存款"

9. 下列会计科目属于所有者权益类的科目有(　　)。

A."应缴税费"　B."盈余公积"　C."利润分配"　D."投资收益"

E."本年利润"

10. 下列会计科目属于损益类的科目有(　　)。

A."制造费用"　B."管理费用"　C."待摊费用"　D."财务费用"

E."主营业务收入"

11. 下列账户中期末结转后无余额的是(　　)。

A."实收资本"　　　　　　　　B."主营业务成本"

C."库存商品"　　　　　　　　D."销售费用"

E."管理费用"

12. 下列项目中,属于费用账户的是(　　)。

A."销售费用"　B."制造费用"　C."财务费用"　D."管理费用"

E."营业外支出"

13. 对于资产、成本类账户而言,应是(　　)。

A. 增加记借方　　　　　　　　B. 增加记贷方

C. 减少记贷方　　　　　　　　D. 期末无余额

E. 期末余额在借方

四、判断题

1. 会计科目是对会计对象的基本分类。　　　　　　　　　　　　(　　)

2. 为了适应企业管理精细化的要求,每一个总账科目下都应设置明细科目。
( )

3. 为了满足管理的需要,企业账户设置越细越好。 ( )

4. 对于明细科目较多的会计科目,可在总分类科目下设置二级或多级明细科目。 ( )

5. 账户按其所反映的经济内容分类,可分为总分类账户和明细分类账户。
( )

6. 借贷记账法的记账规则"有借必有贷,借贷必相等"是余额试算平衡的直接依据。 ( )

7. 试算平衡,不能表明记账一定正确。 ( )

8. 资产=负债+所有者权益,因此,资产总额必然大于所有者权益总额。
( )

9. 账户是制定会计科目的依据。 ( )

10. 凡是用于生产产品的资产都是流动资产。 ( )

五、会计核算题

2×19年1月初,丙公司各账户的余额如下表所示。

期初余额表 单位:元

账户名称	期初借方余额	账户名称	期初贷方余额
库存现金	10 000	短期借款	130 000
银行存款	160 000	应付票价	120 000
原材料	200 000	应付账款	100 000
固定资产	11 000 000	实收资本	11 020 000
合计	11 370 000	合计	11 370 000

2×19年1月,丙公司发生的部分经济业务(假定不考虑增值税因素)如下:

(1) 收到投资者按投资合同投入资本420 000元,已存入银行。

(2) 向银行借入期限为3个月的借款600 000元存入银行。

（3）从银行提取现金 8 000 元备用。

（4）购买原材料 60 000 元已验收入库，款未付。

（5）签发 3 个月到期的商业汇票 50 000 元抵付上月所欠货款。

（6）用银行存款 100 000 元偿还短期借款。

（7）用银行存款 300 000 元购买不需安装的机器设备一台，设备已交付使用。

（8）购买原材料 40 000 元，其中用银行存款支付 30 000 元，其余货款未付，材料已验收入库。

（9）以银行存款偿还短期借款 100 000 元，偿还应付账款 60 000 元。

要求：

1. 根据以上业务，编制会计分录。

2. 根据上述会计分录登记总分类账户，并在各总分类账户中结算出本期发生额和期末余额。

六、案例分析题

华明公司 2020 年 1 月发生的经济业务如下：

（1）一位新的投资者向华明公司增加货币投资 1 000 000 元，资金存入银行。

（2）华明公司向银行借款 100 000 元存入银行。

（3）华明公司的原投资者之一撤资 500 000 元，用银行存款支付。

（4）华明公司归还银行短期借款 100 000 元，用银行存款支付。

（5）华明公司从银行提取现金 20 000 元备用。

（6）华明公司向银行借款 50 000 元归还到期的应付账款 50 000 元。

（7）华明公司召开董事会，决定从盈余公积中拿出 12 000 元转增实收资本，办理转账手续。

（8）投资者代华明公司偿还到期的银行短期贷款 50 000 元，并同意将其作为对华明公司的追加投资，已办理有关手续。

（9）新投资者所欠的银行短期贷款 30 000 元，决定以后到期时由华明公司代为偿还，并同意作为对华明公司的投资减少 30 000 元，华明公司已在银行办理有关贷款转移手续。

要求：

1. 根据以上业务，编制会计分录。

2. 根据上述会计分录，填写下表。

本期科目数额表 单位：元

科目名称	期初余额		本期发生额		期末余额	
	借方	贷方	借方	贷方	借方	贷方
库存现金	1 000					
银行存款	1 999 000					
短期借款		300 000				
应付账款		500 000				
盈余公积		200 000				
实收资本		100 000				
合计	2 000 000	2 000 000				

七、思考题

实账户与虚账户有没有实际经济意义？

第六章 会计凭证

一、学习目的与要求

1. 学习目的

通过对本章的学习,在理解会计凭证的分类作用和意义的基础上,对原始凭证和记账凭证形成真正的认识,并领会其在会计信息的确认、计量、记录、加工、处理中的不同作用。

2. 学习要求

(1) 掌握会计凭证填写与审核的要点;

(2) 理解原始凭证与记账凭证的区别;

(3) 理解会计凭证的作用、意义;

(4) 理解会计凭证传递的原则。

二、内容概览

1. 关键概念

原始凭证、记账凭证、收款凭证、付款凭证、转账凭证。

2. 关键问题

(1) 原始凭证与记账凭证的区别;

(2) 自制原始凭证和外来原始凭证的区别;

(3) 如何填制收款凭证、付款凭证和转账凭证。

三、重点与难点

1. 重点

原始凭证的重要性以及填制和审核的要点;记账凭证各要素的作用;记账凭证

的填制。

2. 难点

（1）原始凭证与记账凭证在会计信息的确认、计量、记录、加工、整理中的不同作用；

（2）会计凭证在会计系统运转过程中的作用。

练 习 题

一、名词解释

1. 会计凭证　　　　　　　2. 原始凭证

3. 记账凭证　　　　　　　4. 收款凭证

二、单项选择题

1. 下列属于外来原始凭证的是（　　）。

　A. 入库单　　　　　　　B. 发料汇总表

　C. 购货发票　　　　　　D. 出库单

2. 下列不属于会计凭证的是（　　）。

　A. 出库单　　　　　　　B. 领料单

　C. 购销合同　　　　　　D. 制造费用分配表

3. 原始凭证的基本内容中不包括（　　）。

　A. 日期和编号　　　　　B. 内容摘要

　C. 实物数量和金额　　　D. 会计科目

4. 外来原始凭证一般都是（　　）。

　A. 一次凭证　　　　　　B. 累计凭证

　C. 汇总原始凭证　　　　D. 记账凭证

5. 下列业务应编制转账凭证的是（　　）。

   A. 支付购买材料价款　　　　　　B. 支付材料运杂费

   C. 收回出售材料款　　　　　　　D. 车间领用材料

6. 企业将现金存入银行应编制（　　）。

   A. 银行存款付款　　　　　　　　B. 现金付款

   C. 银行存款收款　　　　　　　　D. 现金收款

7. 下列科目可能是收款凭证借方科目的是（　　）。

   A. "在途物资"　　　　　　　　　B. "应收账款"

   C. "银行存款"　　　　　　　　　D. "预付账款"

8. 将会计凭证划分为原始凭证和记账凭证的依据是（　　）。

   A. 填制时间　　　　　　　　　　B. 取得来源

   C. 填制的程序和用途　　　　　　D. 反映的经济内容

9. 记账凭证是根据（　　）填制的。

   A. 经济业务

   B. 原始凭证

   C. 账簿记录

   D. 审核无误的原始凭证或原始凭证汇总表

10. 记账凭证的填制是由（　　）完成的。

    A. 出纳人员　　　　　　　　　　B. 会计人员

    C. 银经办人员　　　　　　　　　D. 主管人员

11. 企业所编制的会计分录不体现在（　　）上。

    A. 收款凭证　　　　　　　　　　B. 转账凭证

    C. 付款凭证　　　　　　　　　　D. 原始凭证

12. 会计凭证是（　　）的最初环节，即会计核算的起点和基础，也是会计核算的专门方法，是做好会计工作的前提。

    A. 成本计算　　　　　　　　　　B. 编制会计报表

    C. 会计核算　　　　　　　　　　D. 设置账户

13. 单式记账凭证是指在一张凭证上（　　）的凭证。

   A. 只填写一项经济业务　　　　　B. 只填写一个会计科目

   C. 只填写一个金额　　　　　　　D. 只填写两个会计科目

14. 将记账凭证分为收款凭证、付款凭证和转账凭证的依据是（　　）。

   A. 填制凭证的手续　　　　　　　B. 凭证的来源

   C. 凭证所反映的经济业务内容　　D. 包括的经济业务是否单一

15. 会计凭证登账后的整理、装订、编号和归档称为（　　）。

   A. 会计凭证的传递　　　　　　　B. 会计凭证的保管

   C. 会计凭证的编制　　　　　　　D. 会计凭证的销毁

16. 会计凭证不能作为（　　）。

   A. 记账查账的重要依据　　　　　B. 编制会计报表的依据

   C. 记录经济业务的书面证明　　　D. 明确经济责任的书面证明

17. 发料凭证汇总表属于会计凭证中的（　　）。

   A. 一次凭证　　　　　　　　　　B. 累计凭证

   C. 单式凭证　　　　　　　　　　D. 汇总原始凭证

18. "限额领料单"是一种（　　）。

   A. 一次凭证　　B. 累计凭证　　C. 单式凭证　　D. 汇总凭证

19. 记账凭证不可能有的项目是（　　）。

   A. 接受单位的名称　　　　　　　B. 记账凭证的编号

   C. 记账凭证的日期　　　　　　　D. 记账凭证的名称

20. 下列科目可能是收款凭证贷方科目的是（　　）。

   A. "制造费用"　　　　　　　　　B. "生产成本"

   C. "应收账款"　　　　　　　　　D. "坏账准备"

三、多项选择题

1. 记账凭证编制的依据可以有（　　）。

   A. 收、付款凭证　　　　　　　　B. 一次凭证

C. 累计凭证　　　　　　　　D. 原始凭证汇总表

E. 转账凭证

2. 各单位会计部门必须对各种原始凭证进行（　　）的审核。

A. 合法性　　B. 合理性　　C. 科学性　　D. 系统性

E. 合规性

3. 下列经济业务中应填制转账凭证的是（　　）。

A. 李某以厂房对企业投资　　　B. 外商以银行存款对企业投资

C. 购买材料未付款　　　　　　D. 销售商品收到商业汇票

E. 支付前欠某单位账款

4. 下列各项中,属于外来原始凭证的有（　　）。

A. 销售商品发票　　　　　　　B. 火车票

C. 记账编制凭证　　　　　　　D. 汇总原始凭证

E. 购进材料发票

5. 下列各项中,属于原始凭证基本要素的有（　　）。

A. 凭证名称　　　　　　　　　B. 经济业务内容

C. 填制凭证日期　　　　　　　D. 数量、单价和金额

E. 所附原始凭证的张数

6. 收款凭证的作用有（　　）。

A. 出纳人员据此收入货币资金

B. 出纳人员据此付出货币资金

C. 出纳人员据此登记库存现金日记账

D. 出纳人员据此登记银行存款日记账

E. 出纳人员据此登记库存现金总账

7. 组织会计凭证传递的依据有（　　）。

A. 经济业务　　　　　　　　　B. 内部机构组织

C. 人员分工　　　　　　　　　D. 经营管理

E. 凭证的种类

8. 下列凭证中,属于原始凭证的有(　　)。

A. 产品成本计算表　　　　　　B. 发出材料汇总表

C. 发票　　　　　　　　　　　D. 提货单

E. 付款凭证

9. 下列凭证中,属于自制原始凭证的有(　　)。

A. 购进发票　　　　　　　　　B. 销售发票

C. 限额领料单　　　　　　　　D. 发出材料汇总表

E. 差旅费报销单

10. 下列各项中,属于原始凭证填制方式的有(　　)。

A. 直接填列　　　　　　　　　B. 加工整理填制

C. 定期汇总填列　　　　　　　D. 综合填列

E. 期末逐笔填列

四、判断题

1. 所有的会计凭证都是登记账簿的依据。　　　　　　　　　　　　(　　)

2. 所有的会计凭证都应有签名或盖章。　　　　　　　　　　　　　(　　)

3. 原始凭证是进行会计核算的原始资料。　　　　　　　　　　　　(　　)

4. 有些外来原始凭证也可以累计填制。　　　　　　　　　　　　　(　　)

5. 自制原始凭证都是一次凭证。　　　　　　　　　　　　　　　　(　　)

6. 会计凭证传递应根据会计制度设计,并保证在不同的企业具有相同的程序。

(　　)

7. 内部牵制制度通过相互联系、相互制约的关系,达到控制和管理经济活动的目的。　　　　　　　　　　　　　　　　　　　　　　　　　　　　　(　　)

8. 记账凭证的填制日期应是经济业务发生或完成的日期。　　　　　(　　)

9. 列有应借应贷科目的自制原始凭证可以代替记账凭证。　　　　　(　　)

10. 单式记账凭证是依据单式记账法填制的。　　　　　　　　　　　(　　)

五、案例分析题

（一）练习记账凭证的编制

某企业 2×21 年 3 月发生下列经济业务：

1. 3 月 2 日，A 投资者投资 1 000 000 元，存入银行。

2. 3 月 10 日，以银行存款 50 000 元购买甲材料，材料已验收入库。

3. 3 月 11 日，以银行存款 100 000 元购进 C 设备。

4. 3 月 15 日，以银行存款偿还前欠 K 企业的贷款 100 000 元。

5. 3 月 18 日，收回 S 公司前欠的货款 50 000 元，存入银行。

6. 3 月 20 日，从银行提取现金 5 000 元。

要求：根据上述经济业务编制记账凭证（采用通用凭证的格式）。

（二）练习会计凭证的应用

某企业 3 月份发生的部分经济业务如下：

1. 向银行取得借款 300 000 元存入银行。

2. 以现金 500 元支付材料的采购费用。

3. 投资者追加投资 1 000 000 元存入银行。

4. 某职工暂借差旅费 1 000 元。

5. 购进材料 100 000 元，其中 30 000 元为预付款，其余款项以银行存款支付。

6. 结转材料采购成本 140 000 元。

7. 销售产品一批 120 000 元，货款尚未收到。

8. 领用材料一批，其中生产车间领用 50 000 元，管理部门领用 1 000 元。

9. 结转本月完工产品成本 100 000 元。

10. 预付下季度的租金 1 600 元。

要求：根据上述经济业务编制会计分录，并说明所附的原始凭证以及应填制何种记账凭证。

六、思考题

1. 会计凭证如何进行分类？分为哪几类？

2. 什么是单式记账凭证、复式记账凭证？这两种凭证各有哪些优缺点？

3. 原始凭证的基本内容有哪些？

4. 对于现金和银行存款之间相互划转的业务，应如何填制记账凭证和进行记账？请举例说明。

5. 记账凭证应包括哪些基本内容？

第七章 会计账簿

一、学习目的与要求

1. 学习目的

通过对本章的学习,能理解会计账簿的相关概念与意义,并掌握会计账簿的设置、对账与结账方法。

2. 学习要求

(1) 理解会计账簿的相关概念与意义;

(2) 掌握账簿登记方法;

(3) 熟练运用错账更正方法;

(4) 掌握对账与结账方法。

二、内容概览

1. 关键概念

会计账簿、会计账户、会计凭证、平行登记、对账、账账核对、账簿核对、账实核对、结账、错账更正。

2. 关键问题

(1) 清楚账户与账簿的关系;

(2) 领会会计账簿与会计凭证的联系与区别;

(3) 掌握会计账簿的分类方法及分类结果;

(4) 明确会计账簿启用方法与平行登记法;

(5) 掌握会计对账与结账方法;

(6) 掌握错账更正的方法。

三、重点与难点

1. 重点

会计账簿的设置、会计账簿的种类、会计账簿与会计凭证的联系与区别、会计账簿的分类方法及分类结果、会计账簿的格式及填制方法。

2. 难点

(1) 对账方法；

(2) 结账方法；

(3) 错账更正法。

练 习 题

一、名词解释

1. 红字更正法　　　　　　2. 备查账簿

3. 会计账簿　　　　　　　4. 平行登记

5. 收入分摊　　　　　　　6. 账证核对

二、单项选择题

1. 下列属于订本式账簿优点的是(　　)。

A. 保证账簿记录资料的安全性　　B. 反映和考核特定的经济业务

C. 不便于为某些账户预留账页　　D. 不便于记账人员分工记账

2. 某会计人员在填制记账凭证时,误将 4 500 元记为 5 000 元,并登记入账。月终结账前发现错误,更正时应采用(　　)。

A. 划线更正法　　　　　　B. 红字更正法

C. 补充登记法　　　　　　　　D. 编制相反分录冲减

3. 结账时应划双红线的是(　　)。

A. 日结　　　B. 季结　　　C. 年结　　　D. 月结

4. 实际工作中,利用平行登记的数量结果检查账簿记录的正确性时,通常采用的是(　　)。

A. 编制科目汇总表

B. 编制明细分类账户本期发生额和余额明细表

C. 编制科目余额表

D. 编制试算平衡表

5. 下列各项中,适用多栏式明细分类账账页格式的是(　　)。

A. 应收账款明细账　　　　　B. 应付账款明细账

C. 生产成本明细账　　　　　D. 实收资本明细账

6. 账簿按其用途分类,不包括(　　)。

A. 序时账簿　　　　　　　　B. 订本式账簿

C. 备查账簿　　　　　　　　D. 分类账簿

7. "库存商品"明细账可采用的账簿格式是(　　)。

A. 三栏式明细分类账　　　　B. 多栏式明细分类账

C. 数量金额式明细账　　　　D. 订本式明细账

8. 下列属于银行存款日记账的登记方法的是(　　)。

A. 日清月结　　　　　　　　B. 定期汇总登记

C. 按照对账单的金额结算余额　　D. 按照银行存款总账结清余额

9. 账簿记录中的日期一般应按照(　　)填写。

A. 原始凭证的日期　　　　　B. 实际登记账簿的日期

C. 月末　　　　　　　　　　D. 记账凭证的日期

10. 账簿登记的依据是(　　)。

A. 会计分录　　　　　　　　B. 记账凭证

C. 原始凭证　　　　　　　　D. 相关文件

11. 新年度启用新账时,可以继续使用不必更换新账的是( )。

A. 总分类账　　　　　　　　B. 固定资产卡片

C. 原材料明细账　　　　　　D. 银行存款日记账

12. 记账以后,发现记账凭证应借、应贷的会计科目并无错误,只是所记金额比相应正确金额小,应采用的更正方法是( )。

A. 补充登记法　　　　　　　B. 划线更正法

C. 红字更正法　　　　　　　D. 横线登记法

13. 登记日记账的方式是按照经济业务发生的时间先后顺序进行( )。

A. 逐笔汇总登记　　　　　　B. 逐笔定期登记

C. 逐日汇总登记　　　　　　D. 逐日逐笔登记

14. 下列不属于结账工作的有( )。

A. 清点库存现金

B. 按照权责发生制对有关账项进行调整

C. 编制试算平衡表

D. 结算日记账和分类各账户的本期发生额和余额

15. 多栏式明细账一般适用于( )。

A. 收入费用类账户　　　　　B. 所有者权益类账户

C. 资产类账户　　　　　　　D. 负债类账户

16. 一般情况下,不需要根据记账凭证登记的账簿是( )。

A. 分类账　　　　　　　　　B. 明细分类账

C. 备查账　　　　　　　　　D. 日记账

17. 从银行提取库存现金,登记库存现金日记账的依据是( )。

A. 库存现金收款凭证　　　　B. 银行存款付款凭证

C. 银行存款收款凭证　　　　D. 备查账

18. 下列做法错误的是( )。

A. 现金日记账采用三栏式账簿　　B. 产成品明细账采用数量金额式账簿

C. 生产成本明细账采用三栏式　　D. 制造费用明细账采用多栏式账簿

三、多项选择题

1. 设置和登记账簿的作用是(　　)。

   A. 记载和存储会计信息　　　　B. 分类和汇总会计信息

   C. 汇总原始凭证　　　　　　　D. 检查和校正会计信息

   E. 编报和输出会计信息

2. 账簿按其形式分类,可分为(　　)。

   A. 序时账簿　　　　　　　　　B. 卡片式账簿

   C. 三栏式账簿　　　　　　　　D. 活页式账簿

   E. 订本式账簿

3. 账簿按其用途分类,可分为(　　)。

   A. 序时账簿　　　　　　　　　B. 分类式账簿

   C. 订本式账簿　　　　　　　　D. 活页账

   E. 多栏式账簿

4. 下列各项中,作为登记账簿依据的有(　　)。

   A. 原始凭证　　　　　　　　　B. 汇总收款凭证

   C. 科目汇总表　　　　　　　　D. 复式记账凭证

   E. 付款凭证

5. 在下列各项中,属于订本式账簿优点的有(　　)。

   A. 可以避免账页分散　　　　　B. 便于记账人员的分工记账

   C. 使用起来比较灵活　　　　　D. 保证账簿的安全完整

   E. 防止账页被人为抽换

6. 在下列账户中,可设置为多栏式明细分类账簿的有(　　)。

   A. "生产成本"账户　　　　　　B. "管理费用"账户

   C. "在途物资"账户　　　　　　D. "实收资本"账户

   E. "制造费用"账户

7. 在下列账户中,可设置为数量金额式明细分类账簿的有(　　)。

   A. "原材料"账户　　　　　　　B. "库存商品"账户

C. "固定资产"账户 D. "长期借款"账户

E. "应付债券"账户

8. 在下列账户中,可设置为三栏式明细分类账簿的有( )。

A. "应收账款"账户 B. "应付账款"账户

C. "预收账款"账户 D. "预付账款"账户

E. "短期账款"账户

9. 启用订本式账簿时,一般应在账簿扉页上填写的内容有( )。

A. 账户目录 B. 账簿使用登记表

C. 交易或事项的内容 D. 交易或事项的发生时间

E. 交易或事项的增减金额

10. 下列关于会计账簿的登记要求,说法正确的有( )。

A. 登记会计账簿时做到数字准确、摘要清楚、登记及时、字迹工整

B. 账簿中书写的文字和数字上面要留有适当空格,一般应占格距的2/3

C. 记账时,必须按页次顺序连续登记,不得隔页、跳行

D. 只有冲销错账的时候才可以用红色墨水记账

E. 发现记账凭证金额错误,并已登记入账可用划线更正法

11. 银行存款日记账的登记方法有( )。

A. 定期汇总登记 B. 日清日结

C. 逐笔结清余额 D. 按照对账单的金额结算余额

E. 按照银行存款总账结清余额

12. 下列可以用红色墨水记账的情况有( )。

A. 在不设借方栏或贷方栏的多项栏式账页中,登记减少数

B. 按照红字冲账的记账凭证,冲销错误的记录

C. 在三栏式账页的余额栏,如未指明余额借贷方向时,在余额栏内登记复数余额

D. 登记账簿时可用红蓝墨水或碳素墨水的钢笔书写

E. 在期末结账时,用红色墨水划通栏红线

13. 以下属于错账的查找方法的有（　　）。

A. 差数法　　　B. 除二法　　　C. 和数法　　　D. 除九法

E. 除五法

14. 如果发生下列错误,可用划线法更正的有（　　）。

A. 在结账前,发现记账凭证无误,但账簿记录中文字有误

B. 发现记账凭证金额错误,原始凭证无误,记账凭证尚未登记入账

C. 发现记账凭证金额有误,并已登记入账

D. 在结账后,发现记账凭证无误,但账簿记录中数字登账有误

E. 在结账后,发现记账凭证无误,但账簿记录中数字有误

15. 下列错账更正法中需要填写更正记账凭证并据以登账的有（　　）。

A. 划线更正法　　　　　　　B. 补充登记法

C. 红字更正法　　　　　　　D. 刮擦挖补法

E. 替代法

16. 对账的主要内容有（　　）。

A. 账账核对　　　　　　　　B. 账证核对

C. 账实核对　　　　　　　　D. 账表核对

E. 债权债务核对

17. 属于账实核对的有（　　）。

A. 库存现金日记账账面余额与实存数的核对

B. 银行存款日记账账面余额与银行对账单的核对

C. 各种应收款项明细账余额与有关债务人相关账面余额的核对

D. 各种财产物资明细账账面余额与实存数的核对

E. 各种应付款项明细账余额与有关债权人相关账面余额的核对

18. 在下列各项中,属于期末结账的内容有（　　）。

A. 将账户的上期余额结转入本期账户

B. 将在本期发生的交易或事项全部入账

C. 按照权责发生制基础对应计事项调整入账

D. 结清收入费用账户,结转入"本年利润"账户

E. 计算结转账户的发生额及余额

19. 账簿登记完成后还应进行的工作有( )。

A. 在会计凭证上签字或盖章

B. 在账簿上签字或盖章

C. 在会计凭证的标记栏内进行标记

D. 在账簿摘要栏写明摘要

E. 在会计凭证上注明所附原始凭证

四、判断题

1. 会计账簿应当按照连续编号的页码顺序登记。 ( )

2. 登记账簿中发生错误时,对于错误的数字或文字应当全部划红线更正,不得只更正其中的错误的数字或文字。 ( )

3. 下列情况中可以用红色墨水记账:按照红字冲销的记账凭证冲销错误记录;在不设借贷等栏的多栏式中,登记增加数;在三栏式账户中的余额栏中,如未印明余额方向,在余额栏内登记正数余额;以及国家统一会计制度规定的,其他可以用红字登记的会计记录。 ( )

4. 总账是用于分类登记某一类经济业务事项,提供有关明细核算资料的账簿。明细账是用于分类登记单位的全部经济业务事项,提供资产、负债、所有者权益、费用、成本收入等总括核算的资料。 ( )

5. 日记账是按照经济业务或事项发生的时间先后顺序逐日逐笔的进行登记的账簿。 ( )

6. 备查账簿与其他账簿一样,都用于登记企业所发生的交易或事项。( )

7. 库存现金日记账中的对方科目,是指交易或事项发生以后编制的会计分录中与银行存款科目相对应的会计科目。 ( )

8. 在数量金额式明细分类账簿中,也要设置多个专栏,因而这种账簿也可称为多栏式明细分类账簿。 ( )

9. 账簿登记完毕后，应在记账凭证上做出已记账的标志。　　　　（　）

10. 所谓对账就是指账簿与凭证之间的核对。　　　　　　　　　（　）

11. 账簿在保管期限结束之前，禁止销毁。　　　　　　　　　　（　）

12. 权责发生制确认收入和费用的标准为实收实付，企业应当以权责发生制为基础进行会计确认、计量和报告。　　　　　　　　　　　　　　（　）

13. 某一会计人员将一项交易或事项的借方和贷方方向记反，其金额没有错误，那么试算表上的借贷方合计数不会受到影响，且依然相等。　　（　）

14. 在手工记账条件下，会计上所设立的账户都是设立在账簿中的。（　）

15. 需要结出当月（季）发生额的（如各项收入、费用账户等），应单列一行进行发生额登记，在摘要栏内注明"本月（季）合计"字样，并在下面通栏划双红线。
　　　　　　　　　　　　　　　　　　　　　　　　　　　　（　）

16. 为了节省企业劳务开支，出纳员可以兼职稽核，会计档案保管和收入、支出、费用、债券债务账目的登记工作。　　　　　　　　　　　　　（　）

17. 为了保证记账凭证的真实性、可靠性、便查性，所有记账凭证都必须附有原始凭证。　　　　　　　　　　　　　　　　　　　　　　　　（　）

18. 三栏式账户是指具有借方、贷方、余额三个栏目的账户。　　（　）

19. 只有经过审核无误的记账凭证才能作为登记会计报表的依据。（　）

20. 登记账簿必须使用蓝墨水或碳素墨水书写，不得使用圆珠笔（银行的复写账簿除外）或者铅笔，更不得用红色墨水书写。　　　　　　　　　（　）

五、案例分析题

海蓝公司内部机构调整：会计张某负责会计档案保管工作，后调离会计工作岗位，离岗前与接替者李某在财务科长的监交下办妥了会计工作交接手续。工作期间李某使用过红色墨水。为了保证账簿所提供的会计信息准确、真实、完整，李某将有关经济业务录入账簿完毕后，进行了账簿间的核对，在账证核对时发现金额不一致，最后通过错账查账的方法解决了问题。

根据会计账簿的有关规定，回答下列问题：

1. 账簿的交接工作有哪些要求?
2. 李某使用红色墨水可能有哪些情况?
3. 李某可以运用哪些错账的查找方法,这些方法主要针对什么情况呢?

六、思考题

1. 在会计账簿记录中,如何更好地理解结账?
2. 阐述总分类账簿与明细分类账簿之间的关系。

第八章 成本计算

一、学习目的与要求

1. 学习目的

通过对本章的学习,能够正确理解成本的概念,了解成本核算的内容并正确计算成本。

2. 学习要求

（1）理解成本的概念；

（2）辨析成本、费用和支出的异同；

（3）计算资产的取得成本和耗费成本；

（4）掌握负债成本的会计计算方法；

（5）理解所有者权益成本的会计学含义。

二、内容概览

1. 关键概念

成本、费用、支出、存货盘存制、永续盘存制、实地盘存制、先进先出法、全月一次加权平均法、移动加权平均法、个别计价法。

2. 关键问题

（1）成本的含义以及与费用、支出的区别；

（2）原材料和固定资产的取得成本的计算；

（3）存货盘存制；

（4）发出存货的计价方法。

三、重点与难点

1. 重点

成本的含义以及与费用、支出的区别；资产取得成本和耗费成本的计算方法。

2. 难点

（1）原材料和固定资产的取得成本的计算；

（2）发出存货的计价方法；

（3）产品成本的计算原理；

（4）现代企业基本都采用永续盘存制的原因及其与实地盘存制的计算差异。

练 习 题

一、名词解释

1. 成本
2. 费用
3. 支出
4. 永续盘存制
5. 实地盘存制
6. 先进先出法
7. 全月一次加权平均法
8. 移动加权平均法
9. 个别计价法

二、单项选择题

1. 在下列关于成本计算的各种说法中，不正确的是（　　）。

A. 确定相关计算对象总成本的专门方法

B. 对交易或事项进行双重平衡登记的方法

C. 确定相关计算对象单位成本的一种专门方法

D. 会计的一种专门方法

2. 在下列各项要求中,不属于企业成本计算原理内容的是( )。

　　A. 直接受益直接分配原理　　　　B. 共同受益间接分配原理

　　C. 重要性原理　　　　　　　　　D. 借贷必相等的平衡原理

3. 将发生的与某受益对象直接有关的费用直接计入其成本当中,体现的是( )。

　　A. 直接受益直接分配原理　　　　B. 借贷必相等的平衡原理

　　C. 重要性原理　　　　　　　　　D. 共同受益间接分配原理

4. 在账务处理过程中,将由所受益的若干个成本计算对象共同承担的有关费用分配计入各受益对象,体现的是( )。

　　A. 直接受益直接分配原理　　　　B. 共同受益间接分配原理

　　C. 借贷必相等的平衡原理　　　　D. 重要性原理

5. 对个别与成本有关的费用不计入受益对象成本而是确认为期间费用,体现的是( )。

　　A. 直接受益直接分配原理　　　　B. 共同受益间接分配原理

　　C. 重要性原理　　　　　　　　　D. 借贷必相等的平衡原理

6. 在下列各项中,不属于成本计算一般程序的内容是( )。

　　A. 确定成本计算对象　　　　　　B. 确定成本计算期

　　C. 确定成本计算人员　　　　　　D. 编制成本计算表

7. 在下列各成本项目中,不属于产品生产成本项目内容的是( )。

　　A. 直接材料　　B. 直接人工　　C. 采购费用　　D. 制造费用

8. 在下列各种发出存货的计价方法中,不属于我国现行《企业会计准则》规定的方法是( )。

　　A. 先进先出法　　　　　　　　　B. 加权平均法

　　C. 个别计价法　　　　　　　　　D. 后进先出法

9. 如果某种产品属于在本月投产本月部分完工,其完工产品成本的计算公式应为( )。

　　A. 本月新发生的费用

B. 本月新发生的费用－月末在产品成本

C. 月初在产品成本＋本月新发生的费用

D. 月初在产品成本＋本月新发生的费用－月末在产品成本

10. 某企业采用先进先出法计算发出原材料的成本。2×21年9月1日,甲材料结存200千克,每千克实际成本为300元;9月7日购入甲材料350千克,每千克实际成本为310元;9月21日购入甲材料400千克,每千克实际成本为290元;9月28日发出甲材料500千克。9月份甲材料发出成本为(　　)元。

A. 145 000　　　B. 150 000　　　C. 153 000　　　D. 155 000

11. 某企业采用月末一次加权平均法计算发出材料成本。2×21年3月1日结存甲材料200件,单位成本40元;3月15日购入甲材料400件,单位成本35元;3月20日购入甲材料400件,单位成本38元;当月共发出甲材料500件。3月份发出甲材料的成本为(　　)元。

A. 18 500　　　B. 18 600　　　C. 19 000　　　D. 20 000

三、多项选择题

1. 在下列各种关于成本计算的说法中,正确说法有(　　)。

A. 归集一定计算对象的全部费用的专门方法

B. 分类反映交易或事项的一种专门方法

C. 确定各计算对象总成本的专门方法

D. 确定各计算对象单位成本的一种专门方法

E. 会计的一种专门方法

2. 在下列各项要求中,属于企业成本计算原理的内容有(　　)。

A. 直接受益直接分配原理

B. 共同受益间接分配原理

C. 借贷必相等的平衡原理

D. 重要性原理

E. 会计等式的平衡原理

3. 根据直接受益直接分配原理，下列各项中可直接计入成本计算对象的有（　　）。

　　A. 某种材料发生的买价　　　　B. 某种产品的生产成本

　　C. 某种材料发生的运输费用　　D. 若干种材料发生的共同性运费

　　E. 若干种产品发生的制造费用

4. 根据重要性原理，下列各项中可不计入材料采购成本的有（　　）。

　　A. 某种材料发生的买价　　　　B. 材料仓库所发生的经常性费用

　　C. 若干种材料发生的共同性运费　D. 采购人员的差旅费

　　E. 市内零星运输费

5. 在下列各项内容中，属于材料成本项目内容的有（　　）。

　　A. 材料买价　　B. 直接材料　　C. 直接人工　　D. 采购费用

　　E. 制造费用

6. 在下列各项内容中，属于产品生产成本项目内容的有（　　）。

　　A. 直接材料　　B. 材料买价　　C. 直接人工　　D. 采购费用

　　E. 制造费用

7. 在下列材料耗用的情形中，应计入产品生产成本的有（　　）。

　　A. 产品生产领用材料　　　　B. 生产车间一般耗用材料

　　C. 企业管理部门领用材料　　D. 产品销售部门领用材料

　　E. 项目建设领用材料

8. 在下列各项中，属于发出存货计价方法中先进先出法特点的有（　　）。

　　A. 假设先入库的存货被尽先发出

　　B. 假设后入库的存货被尽先发出

　　C. 按先入库存货的单位成本计算发出存货的成本

　　D. 按加权平均单价计算发出存货的成本

　　E. 按后入库存货的单位成本计算发出存货的成本

9. 下列关于移动加权平均法核算发出存货的表述中，正确的有（　　）。

　　A. 采用移动加权平均法能够使企业管理层及时了解存货成本的结存情况

B. 计算出的平均单位成本及发出和结存的存货成本比较客观

C. 计算工作量比较大

D. 适用收发货较频繁的企业

E. 物价持续上涨,采用移动加权平均法会低估企业当期利润和期末存货价值

四、判断题

1. 成本计算是计算确定各计算对象总成本的一种专门方法。（　）
2. 成本计算对象是指具体负担相应费用的材料和产品等。（　）
3. 与材料采购有关的费用都要计入材料采购的成本。（　）
4. 将有关费用计入成本的方法有直接计入和间接计入两种。（　）
5. 材料采购过程中发生的共同性费用应分配计入材料采购成本。（　）
6. 产品生产过程中发生的制造费用应直接计入产品的生产成本。（　）
7. 当月末结转完工产品成本以后,生产成本账户不应再有余额。（　）
8. 企业只能以月份作为成本计算的周期。（　）

五、会计核算题

1. 中兴公司2×21年12月发生如下材料采购交易或事项:

(1) 12月5日,采购H材料5 000千克,买价20 000元,增值税进项税额2 600元,已用银行存款支付。材料暂未运达企业。

(2) 12月12日,采购Y材料1 000千克,买价15 000元,增值税进项税额1 950元,全部款项暂未付。尚未办理验收入库手续。

(3) 12月12日,采购H材料3 000千克,买价12 000元,增值税进项税额1 560元,已用银行存款支付。尚未办理验收入库手续。

(4) 12月12日,将以上(2)(3)项中采购的两种材料一同运回企业,共发生运输费800元,已用银行存款支付,按材料重量进行分配。

(5) 12月18日,采购Y材料3 000千克,买价45 000元,增值税进项税额5 850元,销售方代垫运费400元。向对方开出面额为51 250元的商业汇票一

张。材料尚在运输途中。

（6）12月31日，计算材料采购成本，办理材料验收入库手续。

要求：

（1）编制材料采购成本计算表。

（2）根据所给资料编制记账凭证（或会计分录），注意写出明细科目。

2. 红星公司用银行存款购入一台需要安装的设备，增值税专用发票上注明的设备买价为200 000元，增值税额为26 000元，支付运费10 000元，支付安装费30 000元，红星公司为增值税一般纳税人。

要求：编制购入时、支付安装费时、交付使用时的会计分录。

3. 某企业2×21年12月发生业务如下：

（1）12月1日甲材料结存200千克，每千克实际成本为300元；

（2）12月7日购入甲材料350千克，每千克实际成本为310元；

（3）12月10日发出甲材料200千克；

（4）12月21日购入甲材料400千克，每千克实际成本为290元；

（5）12月31日发出甲材料500千克。

要求：分别按先进先出法、全月一次加权平均法和移动加权平均法计算甲材料12月份的发出成本及期末结存成本。

六、案例分析题

某市地税稽查局在2013年税收财务大检查中，发现某五金厂2013年上半年和下半年对存货成本采用了不同的计价方法。上半年产成品的存货采用先进先出法计价，销售实现后，按账面存货成本结转产品销售成本。但是从2013年7月开始，原材料价格上涨，导致产成品成本上涨，某五金厂在未经税务机关批准的情况下，擅自改变存货计价方法而采用了加权平均法，致使2002年产品销售成本上升了将近400万元，企业该年度的应纳税所得额也相应减少了400万元，少缴企业所得税132万元。（资料来源：中国税网 2013年1月13日）

案例讨论：五金厂这样的做法正确否？请说明理由。

七、思考题

1. 什么是存货盘存制？阐述永续盘存制和实地盘存制各自的优缺点。
2. 成本计算的内容有哪些？
3. 成本计算的作用是什么？
4. 外购材料的采购成本包含哪些内容？
5. 分析比较发出存货的几种计价方法。

第九章　财产清查

一、学习目的与要求

1. 学习目的

通过对本章的学习，在理解财产清查意义、程序和方法的基础上，掌握"待处理财产损溢"账户的应用，并能根据清查结果熟练地进行会计处理，为会计报表的编制提供真实可靠的信息资料。

2. 学习要求

（1）了解财产清查的意义与种类；

（2）理解财产清查的一般程序；

（3）能够区分货币资金、实物资产和往来款项的清查方法；

（4）掌握银行存款余额调节表的编制方法；

（5）掌握"待处理财产损溢"账户的使用方法；

（6）掌握财产清查结果的账务处理。

二、内容概览

1. 关键概念

财产清查、全面清查、定期清查、外部清查、实地盘点法、技术推算法、抽样盘点法、函证核对法、未达账项、银行存款余额调节表、待处理财产损溢。

2. 关键问题

通过财产清查，一是查明各项财产物资的实有数量，确定实有数量与账面数量之间的差异，从而保证账实相符，提高会计资料的准确性，为使用者提供真实有效的会计信息;二是查明各项财产物资的保管情况,保障各项财产物资的安全完整;三是查明各项财产物资的库存和使用情况,合理安排生产经营活动,充分利用各项财产物资,加速资金周转,提高资金使用效果。因此,本章的关键问题是:

(1) 在理解财产清查概念基础上,明确财产清查的目的;

(2) 熟悉财产清查的内容,掌握不同财产清查方法;

(3) 如何进行银行存款的清查,银行存款的清查与存货的清查有何不同;

(4) 银行存款日记账与对账单不一致是否全是未达账项引起的,未达账项包括的内容有哪些,如何编制银行存款余额调节表;

(5) "待处理财产损溢"账户如何使用,财产清查结果如何进行账务处理。

三、重点与难点

1. 重点

财产清查的意义、银行存款及实物资产的清查方法、银行存款余额调节表的编制、"待处理财产损溢"账户的应用、财产清查结果的账务处理。

2. 难点

(1) 货币资金、往来款项和实物资产的清查方法;

(2) 银行存款余额调节表的编制;

(3) "待处理财产损溢"账户的运用及财产清查结果的账务处理。

练 习 题

一、名词解释

1. 财产清查   2. 全面清查

3. 局部清查   4. 定期清查

5. 不定期清查   6. 外部清查

7. 内部清查　　　　　　　　　8. 实地盘点法

9. 技术推算法　　　　　　　　10. 抽样盘点法

11. 函证核对法　　　　　　　 12. 未达账项

13. "待处理财产损溢"账户

二、单项选择题

1. 财产清查是用来检查(　　)的一种专门方法。

　A. 账实是否相符　　　　　　B. 账账是否相符

　C. 账表是否相符　　　　　　D. 账证是否相符

2. 以下项目中不属于财产清查一般程序的是(　　)。

　A. 清查前的准备工作　　　　B. 账项核对和实地盘点

　C. 填制盘存单　　　　　　　D. 复查报告

3. 更换出纳人员时应对其保管的库存现金进行清查,这种财产清查属于(　　)。

　A. 全面清查和定期清查　　　B. 局部清查和不定期清查

　C. 全面清查和不定期清查　　D. 局部清查和定期清查

4. 单位主要负责人调离工作前进行的财产清查应属于(　　)。

　A. 重点清查　　B. 全面清查　　C. 局部清查　　D. 定期清查

5. 原材料、库存商品盘点后应编制(　　)。

　A. 实存账存对比表　　　　　B. 盘存单

　C. 银行存款余额调节表　　　D. 对账单

6. 按清查时间分类,单位撤销、合并所进行的清查属于(　　)。

　A. 全面清查　　　　　　　　B. 局部清查

　C. 定期清查　　　　　　　　D. 不定期清查

7. 库存现金清查的方法是(　　)。

　A. 技术测算法　　　　　　　B. 实地盘点法

　C. 函证核对法　　　　　　　D. 与银行对账单核对

8. 下列记录可以作为调整账面记录原始凭证的是( )。

A. 盘存单　　　　　　　　　　B. 实存账存对比表

C. 银行存款余额调节表　　　　D. 往来款项对账单

9. 一般而言,单位撤销、合并时,要进行( )。

A. 定期清查　　B. 全面清查　　C. 局部清查　　D. 实地清查

10. 银行存款清查的方法是( )。

A. 日记账与总分类账核对　　　B. 日记账与收付款凭证核对

C. 日记账和银行对账单核对　　D. 总分类账和收付款凭证核对

11. 对于大量成堆难于清点的财产物资,应采用的清查方法是( )。

A. 实地盘点法　　B. 抽样盘点法　　C. 查询核对法　　D. 技术推算法

12. 在记账无误的情况下,造成银行对账单和银行存款日记账不一致的原因是( )。

A. 应付账款　　B. 应收账款　　C. 未达账项　　D. 外埠存款

13. 实存账存对比表是调整账面记录的( )。

A. 记账凭证　　B. 转账凭证　　C. 原始凭证　　D. 累计凭证

14. 下列项目中应采用函证核对法进行清查的是( )。

A. 原材料　　B. 应收账款　　C. 实收资本　　D. 短期投资

15. 每天工作结束前,出纳人员都要将现金日记账结清并与库存现金实存数核对,这属于( )。

A. 账账核对　　B. 账证核对　　C. 账实核对　　D. 账表核对

16. 下列项目中,应采用实地盘点法的是( )。

A. 应收账款　　B. 应付账款　　C. 银行存款　　D. 固定资产

17. 下列各项中,属于技术推算法适用范围的是( )。

A. 流动性较大的物资　　　　　B. 大量成堆、难以逐一清点的存货

C. 固定资产　　　　　　　　　D. 检查账表是否相符

18. "待处理财产损溢"账户未转销的借方余额表示( )。

A. 尚待处理的盘盈数　　　　　B. 尚待处理的盘亏和毁损数

C. 已处理的盘盈数　　　　　　　D. 已处理的盘亏和毁损数

19. "待处理财产损溢"账户未转销的贷方余额表示（　　）。

A. 已处理的财产盘盈

B. 结转已批准处理的财产盘盈

C. 转销已批准处理财产盘亏和毁损

D. 尚待批准处理的财产盘盈数大于尚待批准处理的财产盘亏和毁损数的差额

20. 核销盘盈的存货时,应贷记的会计科目是（　　）。

A. "管理费用"　　　　　　　　B. "营业外收入"

C. "待处理财产损溢"　　　　　　D. "其他业务收入"

21. 对于盘盈固定资产的净值,经批准后应贷记的会计科目是（　　）。

A. "营业外收入"　　　　　　　　B. "利润分配"

C. "管理费用"　　　　　　　　D. "待处理财产损溢"

22. 在财产清查中发现盘亏设备一台,其账面原值为80 000元,已提折旧20 000元,则记入"待处理财产损溢"账户的金额为（　　）元。

A. 80 000　　B. 20 000　　C. 60 000　　D. 0

23. 盘点发现盘盈的固定资产,批准前一般应记入（　　）账户。

A. "本年利润"　　　　　　　　B. "以前年度损益调整"

C. "管理费用"　　　　　　　　D. "营业外收入"

24. 盘亏固定资产的净损失,经批准后应记入（　　）账户的借方。

A. "制造费用"　　　　　　　　B. "生产成本"

C. "营业外支出"　　　　　　　D. "管理费用"

25. 对于现金的清查结果,应及时填制（　　）。

A. 盘存单　　　　　　　　　　B. 实存账存对比表

C. 库存现金盘点报告表　　　　　D. 对账单

26. 库存现金清查盘点时,（　　）必须在场。

A. 记账人员　　B. 出纳人员　　C. 单位领导　　D. 会计主管

27. 库存现金盘点时发现短缺,应借记的会计科目是(　　)。

A. "库存现金"　　　　　　　　B. "其他应付款"

C. "待处理财产损溢"　　　　　D. "其他应收款"

28. 库存现金清查中,对无法查明原因的长款,经批准应计入(　　)。

A. 其他应收款　　　　　　　　B. 其他应付款

C. 营业外收入　　　　　　　　D. 管理费用

29. 对企业与其开户银行之间的未达账项,进行账务处理的时间是(　　)。

A. 编好银行存款余额调节表时　B. 查明未达账项时

C. 收到银行对账单时　　　　　D. 收到银行存款收、付款凭证时

30. 清查债权债务,应采用的方法是(　　)。

A. 函证核对法　　　　　　　　B. 实地盘点法

C. 技术推算法　　　　　　　　D. 抽样盘存法

31. 清查发现无法收回的应收账款,应借记的会计科目是(　　)。

A. "财务费用"　　　　　　　　B. "营业外支出"

C. "待处理财产损溢"　　　　　D. "信用减值损失"

三、多项选择题

1. 既属于不定期清查,又属于全面清查的有(　　)。

A. 年度决算之前的清查

B. 单位撤销、合并或改变隶属关系时的清查

C. 开展清产核资时的清查

D. 发生非常灾害或损失时的清查

E. 更换仓库保管员时的清查

2. 定期清查一般是在(　　)。

A. 年度终了时　　　　　　　　B. 季度终了时

C. 月末结账时　　　　　　　　D. 单位撤销时

E. 更换现金保管人员时

3. 财产清查中,常用的方法有（　　）。

A. 全面清查　　B. 局部清查　　C. 实地盘点　　D. 余额调节

E. 技术推算盘点

4. 无法收回的应收账款,应记入（　　）账户。

A. "待处理财产损溢"　　　　B. "管理费用"

C. "坏账准备"　　　　　　　D. "信用减值损失"

E. "应收账款"

5. 实地盘点法一般适用于（　　）的清查。

A. 实物财产　　B. 库存现金　　C. 银行存款　　D. 应收账款

E. 银行借款

6. 函证核对法一般适用于（　　）的清查。

A. 债权债务　　　　　　　　B. 银行存款

C. 出租出借包装物　　　　　D. 委托加工材料

E. 库存现金

7. 按清查时间分类,财产清查可以分为（　　）。

A. 全面清查　　B. 定期清查　　C. 局部清查　　D. 不定期清查

E. 存货清查

8. 财产清查的一般程序包括（　　）。

A. 成立财产清查小组　　　　B. 核对有关账簿记录

C. 进行财产清点　　　　　　D. 登记清查结果

E. 填制盘存清单

9. 采用实地盘点法进行清查的项目有（　　）。

A. 固定资产　　B. 库存商品　　C. 银行存款　　D. 往来款项

E. 库存现金

10. 核对账目法适用于（　　）的清查。

A. 固定资产　　B. 库存现金　　C. 银行存款　　D. 短期借款

E. 预付账款

11. 财产清查的作用包括（   ）。

   A. 保证会计核算资料的真实可靠　　B. 保证各项财产物资的安全完整

   C. 挖掘财产潜力，加速资金周转　　D. 监督财经法规和制度纪律执行

   E. 有利于准确地编制收付款凭证

12. 局部清查是对企业的部分财产物资进行清查，而对（   ），一般在年中应进行局部清查。

   A. 产成品　　B. 银行存款　　C. 贵重物品　　D. 库存现金

   E. 机器设备

13. 开展财产清查工作前，财会部门应做的准备工作有（   ）。

   A. 整理各种财产物资　　　　B. 将所有经济业务登记入账

   C. 核对总账、明细账　　　　D. 准备计量器具及登记表

   E. 拟订财产清查工作步骤

14. 全面清查一般在年终进行，但在单位处于（   ）等特殊情况时，也要进行全面清查。

   A. 撤销、合并　　　　　　　B. 单位主要负责人调离

   C. 清产核资或资产重组　　　D. 改变隶属关系

   E. 编制月度财务报表

15. 下列属于需要进行全面清查情况的有（   ）。

   A. 编制年度会计报告前　　　B. 改变隶属关系前

   C. 企业改组为股份有限公司前　D. 清产核资前

   E. 单位合并、撤销前

16. 下列属于不定期清查事项的有（   ）。

   A. 更换财产保管人员时的清查　B. 发生财产被盗时的清查

   C. 年终结算时的全面清查　　　D. 月末银行存款的清查

   E. 有关部门的临时性检查

17. 实存账存对比表是（   ）。

   A. 财产清查的重要报表　　　　B. 会计账簿的组成部分

C. 调整账簿的原始凭证 D. 资产负债表的附表

E. 明确经济责任的重要依据

18. 下列属于财产清查结果的有（   ）。

A. 账实一致 B. 账存数大于实存数

C. 毁损 D. 账存数小于实存数

E. 未达账项

19. 下列可以用作原始凭证，调整账簿记录的有（   ）。

A. 实存账存对比表 B. 未达账项登记表

C. 现金盘点报告单 D. 银行存款余额调节表

E. 结算款项核对登记表

20. 下列各项中，属于"待处理财产损溢"科目借方登记内容的有（   ）。

A. 发生的待处理财产盈亏数 B. 发生的待处理财产盘盈数

C. 批准转销的待处理财产盘亏数 D. 批准转销的待处理财产盘盈数

E. 发生的待处理财产毁损数

21. 以下不属于"待处理财产损溢"科目借方核算的内容有（   ）。

A. 发生待处理财产的盘亏数或毁损数

B. 结转已批准处理财产的盘盈数

C. 发生待处理财产的盘盈数

D. 结转已批准处理财产的毁损数

E. 结转已批准处理的财产盘亏数

22. "待处理财产损溢"账户的贷方记录（   ）。

A. 发生的财产盘盈数 B. 发生的财产盘亏数

C. 批准转出的财产盘盈数 D. 批准转出的财产盘亏数

E. 核销的坏账损失

23. 财产清查结果的处理步骤是（   ）。

A. 核准数字，查明原因 B. 调整凭证，做到账实相符

C. 调整账簿，做到账实相符 D. 批准后进行账务处理

E. 根据会计人员的主观意图进行处理

24. 盘亏的存货,经查实原因后,可能借记(　　)科目。

A. "待处理财产损溢"　　　　B. "管理费用"

C. "营业外收入"　　　　　　D. "营业外支出"

E. "其他应收款"

25. 未达账项包括(　　)。

A. 企业已收款入账、银行未入账的收入

B. 企业已付款入账、银行未入账的支出

C. 银行已收款入账、企业未入账的收入

D. 银行已付款入账、企业未入账的支出

E. 银行和企业都未入账的收入和支出

26. 银行对账单和银行存款日记账账面余额不一致的原因可能有(　　)。

A. 未达账项　　B. 暂付款项　　C. 应收款项　　D. 企业记账错误

E. 银行记账错误

27. 下列说法中,正确的是(　　)。

A. 盘点库存现金时,出纳人员必须在场

B. 清查库存现金时,现金由清查人员盘点

C. 根据"库存现金盘点报告表"进行账务处理

D. 不必根据"库存现金盘点报告表"进行处理

E. 清查人员从旁监督

28. 银行存款日记账余额与银行对账单余额不一致的原因有(　　)。

A. 银行记账错误　　　　　　B. 企业记账错误

C. 企业已收,银行未收　　　D. 企业已付,银行未付

E. 银行已收,企业未收

29. 编制"银行存款余额调节表",应在银行存款日记账余额基础上(　　)。

A. 加:企业未入账的收入款项　　B. 加:银行未入账的收入款项

C. 加:双方都未入账的收入款项　　D. 加:企业未入账的支出款项

E. 减：企业未入账的支出款项

30. 企业银行存款日记账余额大于银行对账单余额,是因为存在(　　)。

A. 企业已收款入账而银行未入账的款项

B. 银行已收款入账而企业未入账的款项

C. 企业和银行双方均已收款入账的款项

D. 银行已付款入账而企业未入账的款项

E. 企业已付款入账而银行未入账的款项

31. 清查库存现金时,发现现金溢余,应(　　)科目。

A. 借记"营业外收入"

B. 贷记"营业外收入"

C. 借记"待处理财产损溢——待处理流动资产损溢"

D. 贷记"待处理财产损溢——待处理流动资产损溢"

E. 借记"库存现金"

32. 经核查后,应由出纳人员赔偿的现金短缺,尚未收款时应(　　)科目。

A. 借记"待处理财产损溢——待处理流动资产损溢"

B. 贷记"待处理财产损溢——待处理流动资产损溢"

C. 借记"其他应收款"

D. 贷记"其他应收款"

E. 贷记"营业外支出"

33. 清查库存现金时发现不明原因的现金短缺,应(　　)科目。

A. 借记"待处理财产损溢——待处理流动资产损溢"

B. 贷记"待处理财产损溢——待处理流动资产损溢"

C. 借记"管理费用"

D. 贷记"管理费用"

E. 借记"营业外支出"

四、判断题

1. 财产清查是对实物资产的盘点或核对,以查明账存数与实存数是否相符的

一种专门方法。（　）

2. 定期清查于期末进行，可以是全面清查，也可以是局部清查。（　）

3. 对各项实物不但应在数量上进行清查，而且应在质量上进行清查。（　）

4. 对于流动性较大的材料等，除全面清查外，一般在年中还要进行轮流盘点或重点清查。（　）

5. 从财产清查的对象和范围看，全面清查只在年终进行。（　）

6. 财产清查前，会计部门要将所有经济业务登记入账并结出余额，做到账账相符、账证相符，为财产清查提供可靠依据。（　）

7. 年终结算前，为了确保会计资料真实、正确，财产清查既要全面清查又要定期清查。（　）

8. 企业受托保管的各项财产物资也属于财产清查的范围。（　）

9. 造成账实不符的原因很多，因此，需要进行定期和不定期的财产清查。（　）

10. 单位撤销或合并时应进行全面清查。（　）

11. 单位改变隶属关系时应进行局部清查。（　）

12. 技术推算法是指利用技术方法推算财产物资账存数的方法。（　）

13. 在企业兼并时，要对企业的部分财产进行重点清查。（　）

14. 未达账项是指银行已经入账，企业尚未入账的款项。（　）

15. 未达账项仅仅是指企业未收到凭证而未入账的款项。（　）

16. 因期末事务繁多，财产定期清查一般不在期末进行。（　）

17. 对所有存货进行盘点属于全面清查。（　）

18. 账实不符是财产管理不善或会计人员水平不高造成的。（　）

19. 对于银行存款，至少每月与银行或有关单位核对一次。（　）

20. 对企业的应付账款应采用发函询证法进行清查。（　）

21. 单位撤销、合并，或改变隶属关系，或更换财产物资保管人员时，需要进行全面清查。（　）

22. 银行存款日记账账面余额与银行对账单余额不一致，说明单位与银行之

间必定有一方存在账面记录错误。( )

23. "库存现金盘点报告表"应有盘点人员和会计机构负责人共同签章方能生效。( )

24. 对于与外部单位往来款项的清查,一般采取编制对账单寄送给对方单位的方式进行,因此,属于账账核对。( )

25. 银行存款如果存在账实不符现象,肯定是由未达账项引起的。( )

26. 实物盘点后,应将"实存账存对比表"作为调整账户余额记录的原始依据。( )

27. 往来账项的清查一般采用"函证核对法"。( )

28. 银行存款余额调节表既可以起到对账作用,又可以作为调整账面余额的凭证。( )

29. 银行已付款入账,企业尚未入账的未达账项,会造成企业银行存款余额小于银行对账单余额。( )

30. 清查银行存款时,编制的"银行存款余额调节表"是调整银行存款日记账余额的原始凭证。( )

31. 更换仓库保管人员时,应进行不定期全面清查。( )

32. 银行已收款入账,企业尚未入账的未达账项,会造成企业银行存款日记账的余额小于银行对账单的余额。( )

33. 造成银行存款日记账与银行对账单金额不一致的原因,一定是双方的记账错误或者存在未达账项。( )

34. 账实核对一般是结合财产清查方法进行的。( )

35. 企业银行存款日记账与银行对账单,都反映企业银行存款的增减变动情况。( )

36. 银行存款余额调节表只能用于核对账目,不能作为调整银行存款账面余额的原始凭证。( )

37. 库存现金的清查是清查小组定期和不定期进行的清查。( )

38. 根据"待处理财产损溢"科目,可以判断企业的经营管理水平。( )

39. 长期无法收回的应收账款,应予以核销,冲减应收账款。（ ）

40. 查明的固定资产盘亏,经批准后根据具体原因分别转入"管理费用""营业外支出"等账户。（ ）

41. 由过失人或保险公司赔偿的损失,经批准后由"待处理财产损溢"账户转入"其他应收款"账户。（ ）

42. 存货盘亏净损失一律记入"管理费用"科目。（ ）

43. 经批准转销固定资产盘亏净损失时,应借记"营业外支出"科目,贷记"固定资产清理"科目。（ ）

五、会计核算题

1. 某企业 2×21 年 11 月末银行存款日记账余额为 445 000 元,银行转来的对账单余额为 464 000 元,经核对,双方有如下未达账项:

（1）企业收到购货单位的转账支票一张计 30 000 元,银行尚未入账；

（2）银行按合同划付电费计 10 000 元,付款通知尚未送达企业；

（3）银行代收货款计 34 000 元已入账,企业尚未收到收款通知；

（4）企业开出支票计 25 000 元预付货款,银行尚未入账。

根据以上资料填列银行存款余额调节表如下。

银行存款余额调节表   单位:元

项目	金额	项目	金额
企业银行存款日记账余额	445 000	银行对账单余额	464 000
加:		加:	
减:		减:	
调节后的存款余额		调节后的存款余额	

2. 根据下列业务编制财产清查批准前与批准后的会计分录：

（1）企业在财产清查中,溢余现金 300 元,无法查明原因,经批准进行转销。

（2）企业在财产清查中,盘亏现金 150 元,无法查明原因,经批准进行转销。

（3）企业在财产清查中,发现 A 材料短缺 4 600 元。经批准进行转销,其中：应由过失人赔偿 300 元,因一般经营造成的材料短缺 500 元,属于自然灾害造成的材料短缺3 800元。

（4）企业在财产清查中,盘盈B材料900元,经批准予以转销。

（5）企业在财产清查中,发现毁损设备一台,原价70 000元,已提折旧50 000元,经查,管理人员王某负有一定责任,保险公司同意部分赔偿。由责任人赔偿2 000元,保险公司赔偿12 000元,经批准后予以转销。

（6）企业在财产清查中发现账外一台机器,重置价值为60 000元,估计六成新。经有关部门批准后,采用追溯重述法进行更正。

六、思考题

1. 什么是财产清查？财产清查的作用有哪些？
2. 财产清查包括哪些内容？
3. 财产清查的程序是什么？
4. 财产清查有哪些具体方法？
5. 如何进行银行存款的清查？
6. 什么是未达账项？未达账项包括哪些内容？

第十章 账务处理程序

一、学习目的与要求

1. 学习目的

通过对本章的学习,应了解各种常见账务处理程序的特征、主要内容、优缺点及适用范围,掌握不同账务处理程序的异同,并能根据不同企业的规模、业务量、管理需要等,设置一套符合企业实际情况的账务处理程序。

2. 学习要求

(1) 理解原始凭证的性质及种类,掌握原始凭证的填制与审核要求,掌握原始凭证汇总表的编制;

(2) 熟悉记账凭证的分类,掌握通用记账凭证与收、付、转凭证的填制与审核;

(3) 掌握日记账的设置与登记;

(4) 掌握总分类账的设置与登记;

(5) 掌握明细账的设置与登记;

(6) 掌握对账的内容与要求等。

二、内容概览

1. 关键概念

账务处理程序、记账凭证账务处理程序、科目汇总表、科目汇总表账务处理程序、汇总记账凭证、汇总记账凭证账务处理程序、日记总账账务处理程序、多栏式日记账账务处理程序。

2. 关键问题

账务处理程序探讨的是如何将原始凭证、记账凭证、账簿和报表有机结合起来，以便在简化会计核算工作、提高工作效率的同时，能提供全面、准确、及时的财务信息。因此，本章的关键问题在于：

（1）基于原始凭证如何填制记账凭证；

（2）基于记账凭证如何登记账簿，包括日记账、总分类账和明细分类账的登记；

（3）基于账簿如何编制财务报表。

由于总分类账簿登记方法的多样性，总分类账簿的登记既是各账务处理程序的主要差异点，也是本章最关键的问题。

三、重点与难点

1. 重点

账务处理程序的性质、记账凭证账务处理程序、科目汇总表账务处理程序、汇总记账凭证账务处理程序。

2. 难点

（1）对科目汇总表的编制与理解；科目汇总表账务处理程序下总分类账的登记。

（2）汇总收款凭证、汇总付款凭证及汇总转账凭证的编制与要求；汇总记账凭证账务处理程序下总分类账的登记。

练习题

一、名词解释

1. 账务处理程序
2. 记账凭证账务处理程序
3. 科目汇总表账务处理程序
4. 汇总记账凭证账务处理程序
5. 日记总账账务处理程序
6. 多栏式日记账账务处理程序

二、单项选择题

1. 设置账务处理程序时,可不考虑的因素是(　　)。
   A. 业务性质　　B. 企业规模　　C. 行业领域　　D. 管理需要

2. 各账务处理程序的主要区别在于(　　)。
   A. 登记日记账的依据不同　　　　B. 登记总分类账的依据不同
   C. 登记明细分类账的依据不同　　D. 编制财务报表的依据不同

3. 最基本的账务处理程序是(　　)。
   A. 记账凭证账务处理程序　　　　B. 科目汇总表账务处理程序
   C. 汇总记账凭证账务处理程序　　D. 日记总账账务处理程序

4. 各账务处理程序中,需逐日逐笔登记的账簿是(　　)。
   A. 总分类账　　　　B. 明细分类账
   C. 日记账　　　　　D. 科目汇总表

5. 实务中,记账凭证账务处理程序适用于(　　)。
   A. 规模较小、业务量较少的单位　　B. 规模较小、业务量较多的单位
   C. 规模较大、业务量较少的单位　　D. 规模较大、业务量较多的单位

6. 记账凭证账务处理程序(　　)。
   A. 直接根据记账凭证逐笔登记总分类账
   B. 根据记账凭证编制科目汇总表,并据以登记总分类账
   C. 根据记账凭证编制有关汇总记账凭证,并据以登记总分类账
   D. 根据记账凭证编制转账凭证汇总表,并据以登记总分类账

7. 科目汇总表账务处理程序的主要特点在于(　　)。
   A. 根据原始凭证或原始凭证汇总表编制记账凭证
   B. 根据收款凭证、付款凭证逐日逐笔登记现金日记账和银行存款日记账
   C. 根据记账凭证(包括收、付、转凭证)定期编制科目汇总表,并据以登记总分类账
   D. 期末,根据核对无误的总分类账和明细分类账编制财务报表

8. 科目汇总表的实质是（　　）。

   A. 余额试算平衡表　　　　　　B. 发生额试算平衡表

   C. 余额及发生额试算平衡表　　D. 汇总记账凭证

9. 相对于记账凭证账务处理程序，科目汇总表账务处理程序增加了（　　）。

   A. 原始凭证汇总表　　　　　　B. 科目汇总表

   C. 汇总记账凭证　　　　　　　D. 日记总账

10. 下列各项中，不能作为总分类账登记依据的是（　　）。

    A. 科目汇总表　　　　　　　　B. 通用记账凭证

    C. 汇总记账凭证　　　　　　　D. 原始凭证汇总表

11. 在汇总记账凭证账务处理程序下，记账凭证一般采用（　　）。

    A. 通用记账凭证

    B. 收款凭证、付款凭证和转账凭证三种格式

    C. 数量金额式

    D. 多栏式

12. 汇总收款凭证是根据库存现金和银行存款科目的（　　）分别设置，并根据收款凭证中对应的（　　）科目加以定期汇总。

    A. 借方、借方　　　　　　　　B. 借方、贷方

    C. 贷方、借方　　　　　　　　D. 贷方、贷方

13. 汇总记账凭证账务处理程序与科目汇总表账务处理程序的相同点是（　　）。

    A. 能简化登记总分类账的工作量　　B. 便于核对账目

    C. 保持了账户的对应关系　　　　　D. 记账凭证的汇总方法相同

14. 汇总记账凭证账务处理程序的缺点在于（　　）。

    A. 登记总分类账的工作量较小

    B. 不能体现账户的对应关系

    C. 明细分类账与总分类账无法核对

    D. 不利于会计核算的日常分工，当转账凭证较多时，编制汇总转账凭证的工作量较大

15. 汇总记账凭证与科目汇总表的主要区别在于( )。

A. 科目汇总表不反映账户的对应关系,汇总记账凭证反映账户的对应关系

B. 科目汇总表反映账户的对应关系,汇总记账凭证不反映账户的对应关系

C. 科目汇总表具有试算平衡功能,汇总记账凭证不具有试算平衡功能

D. 以上均错误

16. 有关日记总账的登记方法,下列说法错误的是( )。

A. 在日记总账同一行将每笔经济业务的借、贷方发生额按应借、应贷账户分别填列到相应账户的借方栏或贷方栏

B. 同时将每一笔经济业务的发生额记入同一行的"发生额"栏内

C. 每月月末,计算出各账户的本期发生额和月末余额

D. 月末,将"发生额"一栏的当月合计数分别与全部科目的借方发生额合计数与贷方发生额合计数之和进行核对相符

17. 下列各项中,不能作为多栏式日记账账务处理程序中总账登记依据的是( )。

A. 多栏式日记账　　　　　　B. 转账凭证

C. 科目汇总表　　　　　　　D. 转账凭证科目汇总表

三、多项选择题

1. 账务处理程序的实质是( )的有机结合。

A. 原始凭证　　B. 记账凭证　　C. 会计账簿　　D. 财务报表

E. 购销合同

2. 账务处理程序的作用在于( )。

A. 有利于科学地组织企业的会计核算工作

B. 有利于保证企业会计记录的正确、及时和完整

C. 有利于及时编制财务报表

D. 可减少不必要的核算环节和手续,避免重复,提高工作效率

E. 可提高会计核算资料的质量,为企业的经营管理提供准确的财务资料

3. 在我国,常用的账务处理程序不包括( )。
   A. 记账凭证账务处理程序　　　　B. 科目汇总表账务处理程序
   C. 汇总记账凭证账务处理程序　　D. 日记总账账务处理程序
   E. 多栏式日记账账务处理程序

4. 关于记账凭证账务处理程序,下列说法正确的有( )。
   A. 账务处理程序简单明了,手续简便,易于理解和掌握
   B. 总分类账能详细记录和反映经济业务的发生和完成情况,有助于对会计资料的分类和检查
   C. 账户之间的对应关系较清晰,便于对账和查账
   D. 由于需要逐笔登记总分类账,当经济业务量较多时,登记总分类账的工作量较大
   E. 对业务量较少的科目,总分类账可代替明细分类账

5. 在记账凭证账务处理程序中,记账凭证可能是( )。
   A. 通用记账凭证　　　　　　　　B. 收款凭证
   C. 付款凭证　　　　　　　　　　D. 转账凭证
   E. 汇总凭证

6. 关于科目汇总表账务处理程序的优点,下列说法正确的有( )。
   A. 定期汇总,按月一次登记总分类账账簿,可简化登记总分类账的工作
   B. 科目汇总表根据有关账户借贷方发生额汇总编制而成,具有试算平衡作用
   C. 可及时检查账簿登记中出现的错误,保证总分类账登记的准确性
   D. 账务处理程序简单明了,易于理解和掌握
   E. 能反映账户之间的对应关系,有利于对经济业务进行分析和检查

7. 科目汇总表账务处理程序主要适用于( )的单位。
   A. 财务分工较细　　　　　　　　B. 业务量较多
   C. 记账凭证较多　　　　　　　　D. 规模较大
   E. 收付款业务频繁

8. 在汇总记账凭证账务处理程序下,登记总分类账的依据为( )。
   A. 通过记账凭证　　　　　　　　B. 科目汇总表

C. 汇总收款凭证　　　　　　　D. 汇总付款凭证

E. 汇总转账凭证

9. 为便于月末编制汇总转账凭证，平时编制转账凭证时，其账户的对应关系应尽可能保持（　　）。

A. 一借一贷　　B. 一借多贷　　C. 多借一贷　　D. 多借多贷

E. 以上均正确

10. 下列有关日记总账账务处理程序的说法，正确的有（　　）。

A. 核算手续简便，易于操作

B. 可直观反映各账户之间的对应关系，便于查账

C. 若设置会计科目多，会导致日记总账账页篇幅过大

D. 不利于会计人员的分工

E. 适用于规模小、经济业务简单且会计科目较少的单位

11. 下列各账务处理程序中，现金日记账和银行存款日记账可采用三栏式账页格式的有（　　）。

A. 记账凭证账务处理程序　　　　B. 科目汇总表账务处理程序

C. 汇总记账凭证账务处理程序　　D. 日记总账账务处理程序

E. 多栏式日记账账务处理程序

12. 下列有关账务处理程序的说法，正确的有（　　）。

A. 记账凭证账务处理程序的缺点是登记总分类账的工作量较大

B. 在科目汇总表账务处理程序下，由于科目汇总表无法体现账户之间的对应关系，故不便于分析经济业务的来龙去脉，不便于查账

C. 科目汇总表账务处理程序与汇总记账凭证账务处理程序均适用于规模较大、业务量较多的单位

D. 日记总账账务处理程序中的日记总账既是日记账也是总账

E. 多栏式日记账账务处理程序只适用于业务量不多，使用会计科目较少的单位

13. 下列各项中,能简化登记总分类账工作的账务处理程序有( )。

A. 记账凭证账务处理程序　　　B. 科目汇总表账务处理程序

C. 汇总记账凭证账务处理程序　D. 日记总账账务处理程序

E. 多栏式日记账账务处理程序

14. 各账务处理程序的相同点包括( )。

A. 根据原始凭证或原始凭证汇总表编制记账凭证

B. 根据收款凭证、付款凭证逐日逐笔登记现金和银行存款日记账

C. 根据记账凭证和原始凭证或原始凭证汇总表登记明细分类账

D. 根据记账凭证登记总分类账

E. 根据总分类账和明细分类账编制财务报表

四、判断题

1. 在会计工作中,会计凭证、会计账簿和报表之间存在相互联系、相互依存的关系。　　　　　　　　　　　　　　　　　　　　　　　　　　　(　　)

2. 同一行业的企业,不论规模大小,其账务处理程序应尽可能保持一致。
(　　)

3. 同一会计主体,若采用不同的账务处理程序,其最终的核算结果可能不同。
(　　)

4. 记账凭证账务处理程序的特点在于根据记账凭证汇总登记总分类账。
(　　)

5. 在记账凭证账务处理程序中,日记账和总分类账均可设置为三栏式。
(　　)

6. 记账凭证账务处理程序是其他账务处理程序的基础。　　　　(　　)

7. 科目汇总表账务处理程序是在记账凭证账务处理程序的基础上演变而来的一种账务处理程序。　　　　　　　　　　　　　　　　　　　(　　)

8. 科目汇总表的编制时间取决于企业经济业务量的多少,一般可5天、10天、15天或1月汇总编制一次。　　　　　　　　　　　　　　　　　　(　　)

9. 科目汇总表账务处理程序能科学地反映账户之间的对应关系,便于核对账目。（　　）

10. 汇总付款凭证是根据各付款凭证对应的借方科目归类汇总而填制的。（　　）

11. 汇总记账凭证账务处理程序既能简化登记总分类账的工作量,又能保持账户之间的对应关系。（　　）

12. 由于日记总账既要按业务发生的时间先后顺序进行登记,又要将所有科目的总分类核算集中在一张账页上,因此,它既是日记账,又是总账。（　　）

13. 多栏式日记账账务处理程序下,现金和银行存款日记账既可采用多栏式,也可采用三栏式。（　　）

14. 不论采用何种形式的账务处理程序,都应设置日记账、总分类账和明细分类账。（　　）

15. 不同账务处理程序下,财务报表的编制依据不同。（　　）

五、会计核算题

A公司为增值税一般纳税人,适用的增值税税率为13%,适用的所得税税率为25%,2×21年10月,期初有关账户余额如下表所示。

账户余额表　　　　　　　　　　　　单位:元

资产类账户	金额	负债及所有者权益类账户	金额
库存现金	2 000	短期借款	30 000
银行存款	50 000	应付账款	50 000
应收账款	28 000	预收账款	4 200
预付账款	5 000	应交税费	2 000
其他应收款	13 000	应付职工薪酬	78 000
原材料	83 000	实收资本	361 600
生产成本	35 000	资本公积	90 000
库存商品	120 000	利润分配	10 200
固定资产	380 000		
累计折旧	−90 000		

A公司2×21年10月发生如下经济业务：

(1) 1日,从银行提现5 000元备用。

(2) 3日,从B公司购买原材料一批,增值税专用发票注明:价款40 000元,增值税税额5 200元。冲销原预付款5 000元,其余货款已通过银行转账支付。材料已验收入库。

(3) 5日,对外销售产品一批,增值税专用发票注明:价款280 000元,增值税税额36 400元。货物已发出,款项已通过银行收讫。

(4) 6日,用银行存款偿还前欠货款50 000元。

(5) 7日,用银行存款支付税款2 000元。

(6) 8日,管理部门员工张三出差归来,报销差旅费10 000元。原预借款差旅费13 000元,余款以现金退回。

(7) 8日,用银行存款支付员工工资78 000元。

(8) 12日,对外销售产品一批,增值税专用发票注明:价款80 000元,增值税税额10 400元,冲销原预收款4 200元,其余款项尚未收到。

(9) 15日,用现金支付水电费3 500元,其中:车间2 500元,行政管理部门1 000元。

(10) 17日,从C公司购买原材料一批,增值税专用发票注明:价款100 000元,增值税税额13 000元。材料已验收入库,货款尚未支付。

(11) 25日,用现金支付第四季度报纸杂志订阅费800元。

(12) 31日,计提本月短期借款利息150元。

(13) 31日,计提本月固定资产折旧8 000元,其中:车间折旧5 000元,管理部门折旧2 000元,销售部门折旧1 000元。

(14) 31日,根据本月发出材料汇总表,共计领用材料56 000元,其中:生产产品直接耗用55 000元,车间一般耗用1 000元。

(15) 31日,计提本月员工工资75 000元,其中:生产工人30 000元,车间管理人员12 000元,行政管理人员20 000元,销售人员13 000元。

(16) 31日,计算并结转完工产品成本80 000元。

(17) 31日,根据发出商品汇总表,结转本月已销产品成本169 000元。

(18) 31日,结转本月损益类账户,计算利润总额。

(19) 31日,计算并结转本月所得税费用。

(20) 31日,计算并结转本年利润。

要求：

1. 根据以上资料,编制A公司2×21年10月有关业务的会计分录。

2. 基于记账凭证账务处理程序,登记A公司2×21年10月有关账户的总分类账(以T型账户的形式呈现)。

六、案例分析题

B公司是一家生产制造型企业,其规模较大,业务量较多,财务工作分工较宽泛,收付款业务频繁,适用的增值税税率为13%,适用的所得税税率为25%。2×21年5月部分经济业务的会计分录如下(单位:元)：

(1) 借：银行存款　　　　　　　　　　　　　　　　800 000
　　　贷：实收资本　　　　　　　　　　　　　　　　　　800 000

(2) 借：库存现金　　　　　　　　　　　　　　　　 8 000
　　　贷：银行存款　　　　　　　　　　　　　　　　　　 8 000

(3) 借：管理费用　　　　　　　　　　　　　　　　 1 000
　　　贷：库存现金　　　　　　　　　　　　　　　　　　 1 000

(4) 借：应收账款　　　　　　　　　　　　　　　　565 000
　　　贷：主营业务收入　　　　　　　　　　　　　　　　500 000
　　　　　应交税费——应交增值税(销项税额)　　　　　 65 000

(5) 借：预付账款　　　　　　　　　　　　　　　　 30 000
　　　贷：银行存款　　　　　　　　　　　　　　　　　　 30 000

(6) 借：原材料　　　　　　　　　　　　　　　　　100 000
　　　应交税费——应交增值税(进项税额)　　　　　　 13 000
　　　贷：预付账款　　　　　　　　　　　　　　　　　　 30 000
　　　　　银行存款　　　　　　　　　　　　　　　　　　 83 000

（7）借：销售费用　　　　　　　　　　　　　　　　　　　　　1 200
　　　　贷：银行存款　　　　　　　　　　　　　　　　　　　　　　1 200
（8）借：固定资产　　　　　　　　　　　　　　　　　　　　　300 000
　　　　应交税费——应交增值税（进项税额）　　　　　　　　　39 000
　　　　贷：应付账款　　　　　　　　　　　　　　　　　　　　　339 000
（9）借：生产成本　　　　　　　　　　　　　　　　　　　　　　87 000
　　　　制造费用　　　　　　　　　　　　　　　　　　　　　　　2 000
　　　　贷：原材料　　　　　　　　　　　　　　　　　　　　　　89 000
（10）借：所得税费用　　　　　　　　　　　　　　　　　　　　 6 000
　　　　贷：应交税费——应交所得税　　　　　　　　　　　　　　6 000

B公司财务主管要求公司新进会计小王设计一套适合公司规模的账务处理程序，力求做到既简化会计核算工作、节约人力物力，又能正确、及时、完整地提供相关财务信息。

小王基于公司的规模设置了如下账务处理程序：

（1）根据原始凭证或原始凭证汇总表编制记账凭证，记账凭证设置为收款凭证、付款凭证和转账凭证三种；

（2）根据收、付款凭证逐日逐笔登记库存现金日记账和银行存款日记账，库存现金日记账和银行存款日记账通常设置为多栏式；

（3）根据原始凭证、原始凭证汇总表和各种记账凭证逐日逐笔登记明细分类账，明细分类账根据需要可设置为三栏式、数量金额式及多栏式；

（4）根据收、付款凭证分别编制汇总收款凭证和汇总付款凭证，根据转账凭证编制汇总转账凭证；

（5）期末，根据各汇总记账凭证登记总分类账；

（6）期末，将各日记账、明细分类账分别与相应的总分类账进行核对；

（7）期末，根据总分类账及明细分类账编制财务报表。

根据以上资料，要求：

1．总结小王设计的账务处理程序是何种账务处理程序，并指出小王该种账务处理程序中存在的问题。

2. 你认为小王设计的账务处理程序是否合理,并说明理由。

3. 若小王设计的账务处理程序不合理,请提出你的意见,并编制出 B 公司 2×21 年 5 月总分类账的登记依据。

七、思考题

电算化会计对账务处理程序的要求是否与手工会计一致?

第十一章　财务会计报告

一、学习目的与要求

1. 学习目的

通过对本章的学习，知晓编制财务会计报告的意义，并能熟练编制常见会计报表，如资产负债表、利润表、现金流量表等；能理解会计报表与财务会计报告的关系。

2. 学习要求

（1）理解各会计报表的经济含义；

（2）掌握报表各项目具体内容及与相关账务数据的关系，即填列方法；

（3）理解报表正确性检查条件。

二、内容概览

1. 关键概念

会计报表、会计报告、报表结构、表头、表体。

2. 关键问题

（1）理解为什么要编制财务会计报告；

（2）理解资产负债表结构与填列方法；

（3）理解利润表结构与填列方法；

（4）理解所有者权益变动表结构与填列方法；

（5）理解现金流量表结构与填列方法。

三、重点与难点

1. 重点

资产负债表、利润表、现金流量表的编制方法。

2. 难点

（1）各报表项目填列内容与相关会计账户余额或发生额的数量关系；

（2）编制报表的正确性要求。

练 习 题

一、名词解释

1. 财务会计报告　　　　2. 综合收益

3. 现金等价物　　　　　4. 财务报表附注

二、单项选择题

1. 企业至少应当按（　　）编制会计报表。

A. 年　　　B. 半年　　　C. 季度　　　D. 日

2. 编制资产负债表时，"未分配利润"项目，应根据"本年利润"账户和（　　）账户期末余额计算填列。

A. "资本公积"　　　　B. "利润分配"

C. "盈余公积"　　　　D. "实收资本"

3. 财务会计报告是（　　）对外提供的反映其某一特定日期财务状况和一定期间经营成果以及现金流量等企业重要信息的书面文件。

A. 国家　　　B. 审计机构　　　C. 会计主体　　　D. 投资人

4. 账户式资产负债表依据（　　）的会计平衡公式。

A. 所有者权益＝资产－负债　　　B. 负债＝资产－所有者权益

C 资产＝负债＋所有者权益　　　　D. 利润＝收入－费用

5. 利润分配表是( )的附表。

　A. 资产负债表　　B. 现金流量表　　C. 利润表　　　D. 销售汇总表

6. 制造型企业利润表中"营业成本"项目的经济内容是指( )。

　A. 营业费用　　　　　　　　　　B. 生产成本

　C. 采购成本　　　　　　　　　　D. 售出产品和提供劳务的成本

7. 下列哪个不属于投资活动产生的现金流量( )。

　A. 取得或收回权益性证券的投资　B. 取得或收回权益性证券的投资

　C. 取得或收回权益性证券的投资　D. 吸收权益性资本

8. 资产负债表编制的依据是( )。

　A. 原始凭证　　B. 记账凭证　　C. 科目汇总表　　D. 账簿记录

9. 依照我国的会计准则,资产负债表采用的格式为( )。

　A. 单步报告式　B. 多步报告式　C. 账户式　　　　D. 混合式

10. 依照我国的会计准则,利润表采用的格式为( )。

　A. 单步报告式　B. 多步报告式　C. 账户式　　　　D. 混合式

11. 资产负债表中,"应收账款"项目应根据( )填列。

A. "应收账款"总分类账户的期末余额

B. "应收账款"总分类账户所属各明细分类账户期末借方余额合计数

C. "应收账款"总分类账户所属各明细分类账户期末贷方余额合计数

D. "应收账款"和"预收账款"总分类账户所属各明细分类账户期末借方余额
　　合计数

12. 资产负债表是反映企业( )财务状况的会计报表。

　A. 某一特定日期　　　　　　　　B. 一定时期内

　C. 某一年份内　　　　　　　　　D. 某一月份内

13. 在下列各个会计报表中,属于反映企业静态情况报表的是( )。

　A. 利润表　　　　　　　　　　　B. 利润分配表

　C. 现金流量表　　　　　　　　　D. 资产负债表

三、多项选择题

1. 财务会计报告由( )组成。

   A. 会计报表 B. 会计报表附注

   C. 财务情况说明书 D. 年度预算表

2. 财务情况说明书至少应当对下列情况作出说明( )。

   A. 企业生产经营的基本情况

   B. 利润实现和分配情况

   C. 资金增减和周转情况

   D. 对企业财务状况、经营成果和现金流量有重大影响的其他事项

3. 会计报表应当在表首部分概括说明( )基本信息。

   A. 编报企业的名称

   B. 资产负债表日或会计报表涵盖的会计期间

   C. 货币名称和金额单位

   D. 会计报表是合并会计报表的,应当予以标明

4. 资产负债表的内容包括( )方面。

   A. 资产 B. 负债 C. 所有者权益 D. 利润

5. 现金流量表是以现金为基础编制的,这里的现金是指( )。

   A. 库存现金 B. 可以随时用于支付的存款

   C. 现金等价物 D. 收入

6. 下列属于筹资活动产生的现金流量的有( )。

   A. 吸收权益性资本 B. 发行债券

   C. 借入资金 D. 支付股利

7. 会计报表的编制要求有( )。

   A. 数字真实 B. 内容完整 C. 编报及时 D. 清楚明了

8. 按现行制度规定,企业会计报表包括( )。

   A. 资产负债表 B. 利润表

C. 现金流量表　　　　　　　　D. 会计报表附注

9. 下列内容不应在资产负债表列示的有（　　）。

A. 所得税　　　　　　　　　　B. 未分配利润

C. 投资收益　　　　　　　　　D. 其他业务利润

10. 下列内容属于资产负债表中流动负债项目的有（　　）。

A. 短期借款　　B. 预收账款　　C. 应付票据　　D. 应付债券

11. 下列内容应在现金流量表中填列的有（　　）。

A. 购入的一年后到期的国库券　B. 库存现金

C. 银行存款　　　　　　　　　D. 其他货币资金

12. 下列账户中，不会影响资产负债表中"应付账款"项目金额的有（　　）。

A. 其他应付款　　　　　　　　B. 预付账款

C. 应付票据　　　　　　　　　D. 预收账款

13. 企业会计报表包括（　　）。

A. 审计报告　　　　　　　　　B. 资产负债表

C. 会计报表附注　　　　　　　D. 利润表

四、判断题

1. 会计报表是财务会计报告的主体和核心。　　　　　　　　　　（　）

2. 财务会计报告列报必须完全遵循各项会计准则进行确认和计量。（　）

3. 企业以权责发生制为基础编制会计报表。　　　　　　　　　　（　）

4. 按季度编制的会计报表不是中期财务报告。　　　　　　　　　（　）

5. 资产负债表反映企业在特定时期的财务状况和经营成果。　　　（　）

6. 国际上通行的资产负债表的结构主要有账户式和报告式两种。　（　）

7. 编制资产负债表，剩余折旧（或摊销、折耗）年限（或期限）在一年以内（含一年）的固定资产、无形资产、长期待摊费用等非流动资产，无需转为"一年内到期的非流动资产"项目。　　　　　　　　　　　　　　　　　　　　　　　　（　）

8. 资产负债表中"固定资产"项目，应根据"固定资产"账户期末余额填列。

（　）

9. 资产负债表中"长期借款"项目,应根据"长期借款"账户期末余额填列。
（　　）

10. 利润表是反映企业在一定时期利润分配情况和年末未分配利润结余情况的报表。
（　　）

11. 编制现金流量表要遵循权责发生制原则。（　　）

五、会计核算题

四川成龙有限公司是从事食品生产的工业企业,2×21 年 10 月 31 日,该企业资产、负债和所有者权益类总账账户及相关明细账户期末余额如下表所示。

总账及明细账账户期末余额表

2×21 年 10 月 31 日　　　　　　　　　　　　单位:元

账户名称	借/贷	余额	账户名称	借/贷	余额
库存现金	借	250	无形资产	借	602 500
银行存款	借	1 979 350	累计摊销	贷	6 500
应收账款	借	234 000	短期借款	贷	1 500 000
其中:A 客户	借	100 000	预收账款	贷	99 000
B 客户	借	150 000	其中:D 客户	贷	100 000
C 客户	贷	16 000	E 客户	借	1 000
预付账款	借	69 116.5	应付账款	贷	52 973
其中:甲供应商	借	128 233	其中:丁供应商	贷	55 000
乙供应商	借	64 116.5	戊供应商	借	2 027
丙供应商	贷	5 000	其他应付款	贷	8 350
其他应收款	借	600	应付职工薪酬	贷	15 050
在途物资	借	75 000	应交税费	贷	3 685
原材料	借	100 000	应付利息	贷	26 900
生产成本	借	131 500	长期借款	贷	1 961 500
库存商品	借	2 537 930	实收资本	贷	2 500 000
长期股权投资	借	201 266	资本公积	贷	117 850

(续表)

账户名称	借/贷	余额	账户名称	借/贷	余额
固定资产	借	1 072 824	盈余公积	贷	105 843
累计折旧	贷	334 055	未分配利润	贷	19 292
在建工程	借	101 174	本年利润	贷	343 512

要求：依据上述资料编制2×21年10月的资产负债表。（空表参见《初级会计学（第二版）》）

六、案例分析题

1. 当前的财务报告的环境是：公司面临为实现盈利目标而增加销售和收入的极大压力，公司管理层的薪酬经常与公司业绩相联系，雇员为公司普通股承担越来越多的风险。在这样的环境下，公司总能找到富有创造性的办法来应对：

（1）大胆地利用收入计算技巧夸大收益；

（2）利用"利润"计算方法迷惑报表使用者；

（3）报告获得了稳定上升的利润但并未产生营业现金流入；

（4）在当期进行巨额冲销，以突出将来的业绩水平；

（5）提前或推迟收入和支出确认，从而调整报告期内收益；

（6）在资产负债表中不显示负债而把它隐藏在附注里。

案例讨论：

（1）这些方法符合会计准则吗？会不会扭曲了公司的财务状况和业绩表现？

（2）上述问题是会计环境造成的吗？应如何改进？

2. 诚信会计师事务所有限公司是一个由5个资深的注册会计师合伙成立的会计师事务所，其注册资金为200万元，该会计师事务所拥有证券审计、资产评估等多项资格，拥有员工300多人，其中注册会计师100多人，员工中拥有大学以上学历的占95%以上，2×21年度的业务收入达5 000万元，公司的资产为2 500万元。事务所的成功很大程度上归功于证券审计、资产评估的业务资格和事务所人员的高素质与才能。会计师事务所的负责人认为："事务所的主要资产是我们的从业资格和我们的职员。"

案例讨论：

（1）事务所负责人认为的资产——"从业资格"和"职员"，为什么会计准则并未允许将其作为资产？

（2）事务所的"从业资格"和"职员"是否符合资产的概念？

（3）你将利用哪些信息评价该事务所的资产、负债状况？

七、思考题

1. 编制财务会计报告的意义是什么？
2. 简述财务会计报告设计原则。
3. 多步式利润表是按照利润的性质分哪三个层次计算填列利润？
4. 现金流量表按照企业经营业务的性质将企业一定期间内产生的现金流量作哪些分类？

第十二章 会计工作组织

一、学习目的与要求

1. 学习目的

通过对本章的学习,在理解会计工作组织的意义、会计工作组织应遵循的要求的基础上,对会计机构的设置原则、会计制度的要求、会计档案的相关规定、会计管理制度、会计的职能和权限、会计处理的一般原则有进一步的认知。

2. 学习要求

(1) 了解正确组织会计工作的重要性和应遵循的要求;

(2) 了解会计机构的设置、组织方式和岗位责任制;

(3) 掌握会计人员的职责、权限和会计法规对会计人员的要求;

(4) 掌握会计法规制度的构成。

二、内容概览

1. 关键概念

会计工作组织、会计机构、会计人员、会计法规、会计档案。

2. 关键问题

(1) 会计工作组织的意义;

(2) 会计工作组织应遵循的要求;

(3) 会计机构设置;

(4) 会计工作的组织方式;

(5) 会计工作岗位的设置;

(6) 内部会计管理制度;

（7）会计人员的职责；

（8）会计人员的主要权限；

（9）会计人员的职业道德；

（10）会计法规的意义和种类；

（11）会计档案。

三、重点与难点

1. 重点

会计工作组织的问题，会计工作组织包括会计人员、会计机构、会计法规和会计档案。

2. 难点

会计机构的设置，内部会计管理制度，会计人员的职责、权限、任职要求，会计人员的职业道德。

练 习 题

一、名词解释

1. 会计工作组织　　　　　　2. 会计机构

3. 会计机构的岗位责任制　　4. 会计监督体系

5. 会计人员　　　　　　　　6. 会计人员的职责

7. 会计人员职业道德规范　　8. 会计法规

9. 会计档案

二、单项选择题

1. 一般来说，以下不属于会计机构设置的内容的是（　　）。

A. 会计机构的内部组织　　　B. 会计人员的内部分工

C. 会计机构和会计人员的职责   D. 会计监督

2. 以下不属于会计员的基本职责的是(　　)。

A. 负责审核和办理单位的财务收支

B. 编制会计凭证,登记会计账簿

C. 审核凭证

D. 编制财务报表

3. 我国的具体会计准则主要是用来规范企业的会计政策,即对企业经济业务的确认、计量和报告作出规定。以下不属于具体会计准则的是(　　)。

A. 有关各行业共同经济业务的准则,如应收款项、应付项目、存货、投资、固定资产、无形资产等

B. 有关特殊经济业务的准则,其中包括各行业共有的特殊业务和特殊行业的特殊业务,前者如外币业务、租赁业务、清算业务等,后者如债务重组、或有事项、金融行业的存贷款业务等

C. 有关财务报表的准则,如资产负债表、利润表、现金流量表、合并财务报表,以及资产负债表日后事项、前期事项的调整等

D. 对财务报告的意义、种类、编制要求、编制方法等进行了规范和说明

4. 以下不属于我国现行的会计法规体系的是(　　)。

A. 《会计法》,它是会计核算工作最高层次的规范,由全国人民代表大会常务委员会制定,以国家主席的命令颁布,是各企业会计行为的最高准则,统驭会计准则和会计制度

B. 会计监督规定了会计监督的内容、方法和程序,包括内部监督和外部监督

C. 会计准则,它是根据《会计法》制定的,是处理会计事务的准绳,由财政部制定,报国务院批准后颁发,具体分为基本准则和具体准则两个层次,基本准则又对具体准则起指导作用

D. 国家制定的各行业会计制度和行政、事业单位会计制度,是根据会计准则制定的,实际上是会计准则实施的具体规定,仅对具体使用企业具有约束力

5. 会计档案保管期满,需要销毁的,可以按程序销毁进行,以下不属于会计档案保管期满需要销毁的是(　　)。

A. 由本企业档案部门提出销毁意见,会同财务会计部门共同鉴定,严格审查,编制会计档案销毁清册,列明销毁会计档案的名称、卷号、册数、起止年度和档案编号、应保管期限、已保管期限、销毁时间等

B. 报本企业负责人批准,企业负责人签署意见后销毁

C. 监销人员在销毁会计档案以前,应当按照销毁清册所列内容认真清点核对;销毁后,在销毁清册上签名盖章,并将销毁情况报告本企业负责人

D. 保管期内未了结的债权债务的原始凭证,应单独抽出,另行立卷,由档案部门保管到结清债权债务为止,单独抽出的会计档案应在会计档案销毁清册及会计档案保管清册中列明

6. 总会计师是企业财会工作的主要负责人,以下不属于总会计师职责的是(　　)。

A. 主管本企业经济核算和财务会计工作

B. 参与企业重大经济决策活动

C. 具体负责会计工作的中层领导人员

D. 协助企业负责人工作,直接对企业负责人负责

三、多项选择题

1. 会计工作组织的意义主要表现在(　　)等方面。

A. 为会计工作的开展提供前提与保证

B. 有利于核算质量的提高,保证会计信息的真实与完整

C. 有利于企业内部经营管理的加强,提高经济效益

D. 有利于国家方针政策和财经纪律的贯彻,强化经济责任和经济核算

2. 一般来说,企业会计机构的设置具有如下(　　)要求。

A. 有效地进行会计核算

B. 进行合理的会计监督

C. 制定本企业的会计制度

D. 参与本企业的各项计划制订,并考核计划的执行情况

3. 会计工作的组织形式是指企业会计部门与企业内部各部门会计组织之间在会计核算工作中分工与协调的形式,是企业内部会计管理体系的重要组成部分。一般包括(   )。

A. 独立核算　　　　　　　　B. 集中核算

C. 非独立核算　　　　　　　D. 非集中核算

4. 会计人员的职责是指会计人员在自己的岗位上应尽的职务与责任,概括起来就是及时提供真实可靠的会计信息,认真贯彻执行和维护国家财经制度和财经纪律,积极参与经营管理,提高经济效益。会计人员的主要职责表现在以下(   )方面。

A. 进行会计核算

B. 实行会计监督

C. 参与拟订经济计划、业务计划、考核、分析预算、财务计划的执行情况

D. 办理其他会计事务

5. 会计人员在会计核算工作中,要承担一定的法律责任,以下属于违反《中华人民共和国刑法》的法律责任的是(   )。

A. 伪造、变造会计凭证、会计账簿,编制虚假财务会计报告,构成犯罪的

B. 隐匿或者故意销毁依法应当保存的会计凭证、会计账簿、财务会计报告构成犯罪的

C. 授意、指使、强令会计机构、会计人员及其他人员伪造、变造会计凭证、会计账簿,编制虚假财务会计报告或者隐匿销毁依法应当保存的会计凭证、会计账簿、财务会计报告

D. 随意变更会计处理方法的

6. 会计档案是企事业单位和机关团体在经济管理和会计活动中自然形成的,并按照一定的要求保存备查的会计信息载体,包括(   )。

A. 会计凭证

B. 会计账簿

C. 财务报表和其他会计核算专业资料

D. 电子会计档案

四、判断题

1. 《会计法》指出，财政部是负责管理全国会计工作的机构，内部设置会计事务管理司，主管全国会计工作；各级地方政府财政部门设置会计处、科、股等机构，主管本地区的会计工作。（　　）

2. 集中核算组织形式是指将整个企业的会计工作集中在财政部门统一进行，由财政部门全面进行各项经济行为的核算，包括经济业务的总分类核算、明细分类核算、财务报表的编制、分析、检查等工作。（　　）

3. 会计机构的岗位责任制，要求各岗位职责要与本企业的经济责任制相联系，实行以责定权，权责明确，严格考核，奖惩分明的原则。（　　）

4. 在电算化条件下，企业不仅应根据需要设置相应工作岗位，正确划分系统管理员的权责，而且需要协调系统管理员与其他会计人员的关系。（　　）

5. 伪造、变造会计凭证、会计账簿，编制虚假财务会计报告，构成犯罪的，依法追究法律责任。（　　）

6. 未按照规定保管会计资料，致使会计资料毁损、灭失的依法追究法律责任。（　　）

7. 授意、指使、强令会计机构、会计人员及其他人员伪造、变造会计凭证、会计账簿，编制虚假财务会计报告或者隐匿销毁依法应当保存的会计凭证、会计账簿、财务会计报告，构成犯罪的，依法追究刑事责任。（　　）

8. 会计核算规定了会计核算的基本内容。例如，款项和有价证券的收付，财物的收发、增减和使用；债权债务的发生和结算；收入、费用和成本的计算等。（　　）

9. 会计信息化后会计档案主要包括会计凭证、会计账簿、财务报表和其他会计核算专业资料等。（　　）

10. 我国新《会计档案管理办法》自 2016 年 1 月 1 日起施行。新修订的《会计档案管理办法》肯定了电子会计档案的法律效力,使电子会计凭证的获取、报销、入账、归档和保管等均可以实现电子化管理,将大大推动电子凭证的在线传递和线上应用,为互联网创新经济发展提供了有力的政策支持。（ ）

11. 新《会计档案管理办法》允许符合条件的会计凭证、账簿等会计资料不再打印纸质归档保存,符合条件的可只建电子档案。（ ）

12. 按规定销毁会计档案时,应由档案部和财务会计部门共同派人员监督销毁。（ ）

五、思考题

1. 会计工作组织的意义是什么？
2. 科学地组织会计工作应遵循哪些要求？
3. 什么是法律责任？
4. 什么是会计监督？
5. 建立会计档案的意义？

参考答案

第一章 总 论

一、名词解释

1. 资产：由企业过去的交易或事项形成的、由企业拥有或控制的、预期会给企业带来经济利益的资源。

2. 收入：企业在日常活动中形成的、会导致所有者权益增加的、与所有者投入资本无关的经济利益的总流入。

3. 会计主体：也称会计实体，是会计工作服务的特定组织。

4. 权责发生制：当期已经实现的收入和已经发生或应负担的费用，不论款项是否已经收付，都应当作为当期的收入和费用；凡是不属于当期的收入和费用，即使款项已经收付，也不应当作为当期的收入和费用。

5. 相关性：企业提供的会计信息应当能够反映企业的财务状况、经营成果和现金流量，以满足会计信息使用者的需要。

6. 实质重于形式：企业应当按照交易或事项的经济实质进行会计处理，不应仅仅以交易或事项的法律形式为依据。

二、单项选择题

1. A　2. B　3. B　4. B　5. C　6. B

三、多项选择题

1. ABCDE 2. ABCD 3. ACE 4. ABCE 5. ABE 6. ABD

四、判断题

1. × 2. √ 3. × 4. × 5. √ 6. √ 7. √ 8. × 9. × 10. ×

五、会计核算题

1. 资产增加100 000元,负债增加100 000元,会计等式保持平衡。

2. 资产减少50 000元,负债减少50 000元,会计等式保持平衡。

3. 资产增加200 000元,所有者权益增加200 000元,会计等式保持平衡。

4. 资产增加100 000元,收入增加100 000元,会计等式保持平衡。

5. 资产减少30 000元,费用增加30 000元,会计等式保持平衡。

6. 费用增加150 000元,负债增加150 000元,会计等式保持平衡。

六、案例分析题

1. 资产与负债和所有者权益是资金运动的两个方面,资产是资金占用的结果,负债和所有者权益是资金的两种来源。从量上看,资产抵减负债后就是所有者权益,也叫净资产。

2. 巴克莱银行以1.4亿英镑的现金换回雷曼兄弟公司20亿英镑价值量的财富。

3. 巴克莱银行与雷曼兄弟公司之间的交换是否是等价交换,可从两个角度思考:

(1) 从持续经营角度考虑,这种交换非等价,因为在持续经营前提下,雷曼兄弟公司的市值为20亿英镑,巴克莱银行以1.4亿英镑的代价交换雷曼兄弟价值20亿英镑的财富,双方交易不对等。

(2) 从破产清算角度考虑,这种交换是等价的,因为在破产清算前提下,雷曼兄弟公司的资产价值将比持续经营前提下的资产市值（400亿英镑）低很多，扣掉380亿英镑的负债，差不多与巴克莱银行支付的对价（1.4亿）英镑相当，所以它们双方的交易是等价交易。

七、思考题

1. 会计具有反映和控制两项基本职能。

会计的反映职能是指会计作为一个信息系统，它通过记录、计算、分类、汇总等手段将经济实体单位发生的经济活动的内容转换成会计信息，成为能够在会计报告中综合反映单位经济活动状况的会计资料。

会计的控制职能是指通过价值手段运用预测、决策、监督、分析、考评等具体方法，促使经济活动按照规定的要求运行，以达到预期目标。

会计反映职能是会计的首要职能，也是会计控制职能的基础。

2. 负债和所有者权益存在着明显的区别：

（1）性质不同。负债体现的是企业与债权人的关系，企业应当按期偿还负债并按事先的约定向债权人支付利息；而所有者权益体现的是企业的产权关系，即企业的净资产归谁所有，一般不需偿还。

（2）权利不同。债权人无权参与企业的经营管理，无权分享企业的净利润也无需分担其净亏损；而所有者有权控制或参与企业的财务和经营决策，有权分享企业的净利润，需要分担其净亏损。

（3）风险不同。企业在破产清算时，负债拥有优先求偿权，而所有者权益只有在清偿所有负债后，才得以清偿。

第二章 会计方法

一、名词解释

1. 会计方法是实现会计职能、发挥会计作用和达到会计目标的手段和措施。

2. 会计确认的标准是指适用于所有会计要素的确认标准,即不同会计要素确认的共性内容,具有普遍适用性。

3. 会计计量属性也可以被称为计量基础,是指所用量度的经济属性,即按什么标准、从什么角度来计量,是从不同的会计角度反映会计要素的金额的确认基础。会计计量属性有历史成本、重置成本、可变现净值、现值和公允价值。

4. 会计记录是指在确认和计量的基础上对企业经济活动轨迹进行描述的方法和手段,主要包括:①设置科目和账户;②复式记账;③填制和审核凭证;④登记账簿;⑤成本计算;⑥财产清查;⑦编制报表。

5. 财产清查是指盘点实物、核对账目,查明各项财产物资和资金的实有数额。

6. 财务会计报告是指企业对外提供的反映企业某一特定日期财务状况和某一会计期间经营成果、现金流量的文件,包括会计报表和会计报表附注。

二、单项选择题

1. B 2. A 3. A 4. B 5. C 6. A 7. A 8. B 9. B 10. C 11. C 12. B 13. A

三、多项选择题

1. ABE 2. BD 3. ABDE 4. CDE 5. ABC 6. ABCE 7. AB 8. BC 9. ABCD 10. ABCE 11. ABC 12. AD 13. ABCE 14. ABCDE 15. ABCD

四、判断题

1. × 2. × 3. × 4. × 5. × 6. × 7. √ 8. √ 9. √ 10. × 11. √ 12. × 13. √ 14. √

五、案例分析题

1. 历史成本

2. 重置成本

3. 可变现净值

4. 现值

5. 公允价值

六、思考题

企业的会计循环,是指企业将一定时期发生的所有经济业务,依据一定的步骤和方法,加以确认、计量、记录、分类、汇总直至编制企业报表的会计处理全过程。在实务中,企业大都每年结账一次,因此,会计循环通常历时1年。

会计循环的基本程序步骤:

(1) 初次确认(对交易和事项的分析);

(2) 入账(填制记账凭证);

(3) 过账与对账;

(4) 结账(结转有关账项);

(5) 编制账项调整前的试算平衡表;

(6) 编制期末调整分录并过账;

(7) 编制调整后的试算平衡表;

(8) 根据有关资料编制会计报告,编制正式的财务报告。

第三章 会计科目与账户

一、名词解释

1. 会计科目是对会计要素的具体内容进行分类核算的标志或项目。

2. 账户是按照会计科目设置的、对经济业务内容进行分类记录、具有一定结构和格式的记账实体。

3. 总分类科目也称总账科目或一级科目,是对会计要素的具体内容所作的总括分类,它反映企业财务状况、经营成果方面的总括信息,是编制财务报表的主要依据。

4. 明细分类科目也称细目或明细科目,是对总分类科目的进一步分类,反映企业财务状况、经营成果方面的详细信息,是了解企业各项目具体内容的主要依据。

二、单项选择题

1. A 2. C 3. A 4. A 5. B 6. D 7. B 8. C 9. C 10. A

三、多项选择题

1. AD 2. ABCD 3. AB 4. ADE 5. ABCD 6. CD 7. DE 8. CDE 9. BDE 10. ACE

四、判断题

1. √ 2. √ 3. √ 4. √ 5. × 6. √ 7. √ 8. × 9. √ 10. √

五、会计核算题

1. "固定资产";资产类。

2. "固定资产";资产类。

3. "固定资产";资产类。

4. "原材料";资产类。

5. "银行存款";资产类。

6. "库存现金";资产类。

7. "应收账款";资产类。

8. "其他应收款";资产类。

9. "短期借款";负债类。

10. "应付账款";负债类。

六、思考题

1. 设置会计科目是会计记录的一种专门方法。通过设置会计科目,可以对不同性质、纷繁复杂的经济业务进行合理分类,将杂乱无章的经济数据变成有规律、易识别的经济信息,为进一步将其转化为会计信息准备条件;通过设置会计科目,对会计要素的具体内容进行科学分类,能够为会计信息的使用者提供科学、详细的分类指标体系;会计科目的设置决定着账户开设和报表结构设计。

2. 针对性原则、简明性原则、统一性原则、灵活性原则和稳定性原则。

3. 会计科目和账户是不同的两个概念,它们既相区别又相联系。其相同点在于都对经济业务进行分类,都反映一定的经济业务内容。其不同点表现在:会计科目只是经济业务分类核算的项目或标志,只说明一定经济业务的内容;账户却不只反映经济内容,还具体反映资金的增减变化。

第四章 复式记账及其应用

一、名词解释

1. 复式记账法是单式记账法的对称,它是在每一项经济业务发生后,同时在两个或两个以上的账户中从两个方向以相等的金额进行记录的一种记账方法。

2. 借贷记账法是以"借"和"贷"作为记账符号,记录会计要素增减变动情况的一种复式记账法。

3. 记账符号是一种记账方法的外在标志,任何经济业务的发生都会涉及资金的变动,而这种变动不外乎两种情况,即增加和减少,也就是资金变动的方向。每一种记账方法都需要使用不同符号以反映资金变动方向。

4. 记账规则概括起来就是:有借必有贷,借贷必相等。它包括以下两方面的意思:①对任何一项经济业务都必须在借方账户和贷方账户同时记录,不能只在借方账户中记录,而不在贷方账户中记录,也不能只在贷方账户中记录,而不在借方账户中记录。②对每一项经济业务记录于借方账户的合计金额与记录于贷方账户的合计金额必须相等。

5. 简单会计分录是指只有一个借方账户和一个贷方账户对应组成的会计分录,即"一借一贷"分录。

6. 复合会计分录是指有两个以上账户相对应组成的会计分录,具体包括"一借多贷""多借一贷"和"多借多贷"会计分录。

7. 企业在记账之前,应当对编制的会计分录的正确性进行检查。这项检查工作是通过进行试算平衡来完成的。试算平衡就是根据"资产＝负债+所有者权益"的平衡关系,按照记账规则的要求,通过汇总计算和比较,来检查账户记录的正确性、完整性。根据记账规则,发生的每一笔业务的借方发生额都与其贷方发生额相等,那么一个会计期间发生的所有经济业务的借方发生额合计数也必然与其贷方发生额合计数相等。由此进一步可以推出,一个会计期间全部账户的期末借方余额也必然等于期末贷方余额;全部账户的期初借方余额也必然等于期初贷方余额。

8. 材料的采购成本包括买价、运输费、装卸费、保险费、包装费、仓储费、运输途中的合理损耗、入库前的挑选整理费等,但采购人员的差旅费、采购机构的经费,一般不包括在原材料的采购成本中。

9. "生产成本"账户用来核算归集生产产品所发生的各种耗费,并据以确定产品的实际生产成本。它属于成本类账户,借方反映生产产品所发生的直接材料费、直接人工费、其他直接支出费以及归集在制造费用账户而分配转入的间接费用,贷方反映月末转出的完工产品成本,余额在借方,反映月末尚未完工的在产品成本。

10. "制造费用"账户用来核算企业生产管理部门为组织和管理生产而发生的各种间接费用,包括车间管理人员的薪酬、生产用房和机器设备的折旧费、保险费、水电费、办公费、一般性材料费、劳务保护费和机物料消耗费等共同性费用。

11. "累计折旧"账户用来核算固定资产因损耗而减少的价值。该账户是"固定资产"账户的抵减账户,属于资产类账户。固定资产的原始价值在很大程度上反映了企业的规模、生产能力等因素,需要时常掌握其原始价值信息。因此,固定资产在使用中而减少的价值需要通过"累计折旧"账户单独反映。

12. "主营业务收入"账户核算企业在销售商品、提供劳务和让渡资产使用权等日常活动中所产生的收入。该账户属于损益类中的收入账户,贷方反映企业实现的收入额,借方反映期末将本期发生的收入转入"本年利润"账户的金额,结转后本账户无余额。

13. "主营业务成本"账户核算企业因销售商品、提供劳务和让渡资产使用权等日常活动而发生的实际成本。该账户属于损益类账户中的费用账户,借方反映已销售产品或劳务的实际成本,贷方反映期末转入"本年利润"账户的金额,结转后期末无余额。

14. "销售费用"账户核算企业在销售过程中发生的与实现销售相关的各种费用。该账户属于损益类账户中的费用账户,借方反映当期发生的与销售相关的费用,贷方反映期末转入"本年利润"账户的金额,结转后期末无余额。

15. 营业收入是企业经营业务活动中所实现的收入总额,包括主营业务收入和其他业务收入。

16. 营业成本是企业经营业务活动中所发生的实际成本总额,包括主营业务成本和其他业务成本。

17. "利润分配"账户核算企业的利润分配(或亏损弥补)和历年利润分配(或亏损弥补)后的结存情况。该账户贷方登记从本年利润转来的待分配利润和弥补亏损的金额,借方登记对利润的分配金额,期末余额如在贷方,表示留待以后年度分配的未分配利润;期末余额如在借方,表示未弥补的亏损。

18. 盈余公积是企业从净利润中提取的积累资金,一般用于企业的发展、风险的防范和亏损的弥补,在一定的条件下也可以转增资本。

19. 营业利润＝营业收入－营业成本－税金及附加－销售费用－管理费用－财务费用－资产减值损失＋公允价值变动收益＋投资收益

20. 利润总额＝营业利润＋营业外收入－营业外支出

二、单项选择题

1．D 2．A 3．C 4．C 5．A 6．A 7．B 8．A 9．C 10．D 11．C 12．B 13．A 14．D 15．C 16．D

三、多项选择题

1．ACE 2．BDE 3．ABE 4．ABCD 5．BCD 6．ABCD 7．ABCDE 8．ABCDE 9．ABE

四、判断题

1．√ 2．√ 3．√ 4．× 5．√ 6．× 7．× 8．√ 9．× 10．× 11．√ 12．√ 13．× 14．√ 15．× 16．√

五、会计核算题

（一）实务练习题一

1．宏远公司5月份相关业务会计分录如下：

（1）借：银行存款　　　　　　　　　　　　　　　　　　　　　　　　100 000
　　　贷：短期借款　　　　　　　　　　　　　　　　　　　　　　　　　　　　100 000

（2）借：库存现金　　　　　　　　　　　　　　　　　　　　　　　　　　200
　　　贷：银行存款　　　　　　　　　　　　　　　　　　　　　　　　　　　　　　200

（3）借：原材料——甲材料　　　　　　　　　　　　　　　　　　　　1 000
　　　贷：银行存款　　　　　　　　　　　　　　　　　　　　　　　　　　　　1 000

（4）借：应付账款——大海公司　　　　　　　　　　　　　　　　　　50 000
　　　贷：银行存款　　　　　　　　　　　　　　　　　　　　　　　　　　　　50 000

（5）借：生产成本——X产品　　　　　　　　　　　　　　　　　　　2 000
　　　贷：原材料——丙材料　　　　　　　　　　　　　　　　　　　　　　　2 000

（6）借：银行存款　　　　　　　　　　　　　　　　　　　　　　　　 10 000
　　　贷：主营业务收入　　　　　　　　　　　　　　　　　　　　　　　　　10 000

（7）借：原材料——乙材料　　　　　　　　　　　　　　30 000
　　　贷：应付账款　　　　　　　　　　　　　　　　　　　30 000

（8）借：应收账款　　　　　　　　　　　　　　　　　　2 400
　　　贷：主营业务收入　　　　　　　　　　　　　　　　　2 400

（9）借：固定资产　　　　　　　　　　　　　　　　　　50 000
　　　贷：银行存款　　　　　　　　　　　　　　　　　　　50 000

（10）借：管理费用　　　　　　　　　　　　　　　　　　1 250
　　　　贷：银行存款　　　　　　　　　　　　　　　　　　 1 250

（11）借：银行存款　　　　　　　　　　　　　　　　　1 000 000
　　　　贷：实收资本　　　　　　　　　　　　　　　　　1 000 000

（12）借：短期借款　　　　　　　　　　　　　　　　　　20 000
　　　　贷：银行存款　　　　　　　　　　　　　　　　　　20 000

2. 各账户的本期发生额和期末余额如下。

（1）"库存现金"

本期借方发生额＝200

本期无贷方发生额

期末余额＝期初余额1 000＋借方发生额200＝1 200

（2）"银行存款"

本期借方发生额＝100 000＋10 000＋1 000 000＝1 110 000

本期贷方发生额＝200＋1 000＋50 000＋50 000＋1 250＋20 000＝122 450

期末余额＝期初余额64 500＋借方发生额1 110 000－贷方发生额122 450＝1 052 050

（3）"应收账款"

本期借方发生额＝2 400

本期无贷方发生额

期末余额＝期初余额86 000＋借方发生额2 400＝88 400

（4）"固定资产"

本期借方发生额＝50 000

本期无贷方发生额

期末余额＝期初余额 600 000＋借方发生额 50 000＝650 000

(5)"无形资产"

本期无借方或贷方发生额

期末余额＝期初余额 8 000

(6)"应付账款"

本期借方发生额＝50 000

本期贷方发生额＝30 000

期末余额＝期初余额 78 000＋贷方发生额 30 000－借方发生额 50 000＝58 000

(7)"应付职工薪酬"

本期无借方或贷方发生额

期末余额＝期初余额 10 000

(8)"短期借款"

本期借方发生额＝20 000

本期贷方发生额＝100 000

期末余额＝期初余额 190 000＋贷方发生额 100 000－借方发生额 20 000＝270 000

(9)"其他应付款"

本期无借方或贷方发生额

期末余额＝期初余额 21 500

(10)"实收资本"

本期贷方发生额＝1 000 000

本期无借方发生额

期末余额＝期初余额 400 000＋贷方发生额 1 000 000＝1 400 000

(11)"原材料"

本期借方发生额＝1 000＋30 000＝31 000

本期贷方发生额＝2 000

期末余额＝期初余额0＋借方发生额31 000－贷方发生额2 000＝29 000

(12)"管理费用"

本期借方发生额＝1 250

本期无贷方发生额

期末余额＝期初余额0＋借方发生额1 250＝1 250

(13)"库存商品"

本期无借方或贷方发生额

期末余额＝期初余额140 000

(14)"资本公积"

本期无借方或贷方发生额

期末余额＝期初余额200 000

(15)"生产成本"

本期借方发生额＝2 000

本期无贷方发生额

期末余额＝期初余额0＋借方发生额2 000＝2 000

(16)"主营业务收入"

本期贷方发生额＝10 000＋2 400＝12 400

本期无借方发生额

期末余额＝期初余额0＋贷方发生额12 400＝12 400

3. 总分类账户本期发生额及余额试算平衡表如下表所示。

余额试算平衡表

2×21年5月31日　　　　　　　　　　　　　　　　　　　　单位：元

会计科目	期初余额		本期发生额		期末余额	
	借方	贷方	借方	贷方	借方	贷方
库存现金	1 000		200		1 200	
银行存款	64 500		1 110 000	122 450	1 052 050	

(续表)

会计科目	期初余额		本期发生额		期末余额	
	借方	贷方	借方	贷方	借方	贷方
应收账款	86 000		2 400		88 400	
库存商品	140 000				140 000	
固定资产	600 000		50 000		650 000	
无形资产	8 000				8 000	
生产成本			2 000		2 000	
原材料			31 000	2 000	29 000	
短期借款		190 000	20 000	100 000		270 000
应付账款		78 000	50 000	30 000		58 000
其他应付款		21 500				21 500
应付职工薪酬		10 000				10 000
实收资本		400 000		1 000 000		1 400 000
资本公积		200 000				200 000
主营业务收入				12 400		12 400
管理费用			1 250		1 250	
合计	899 500	899 500	1 266 850	1 266 850	1 971 900	1 971 900

(二)实务练习题二

1. 筹资业务的相关会计分录如下。

(1)借：固定资产   1 200 000

　　应交税费——应交增值税(进项税额)   156 000

　　贷：实收资本   1 356 000

(2)借：短期借款   500 000

　　贷：银行存款   500 000

(3)借：原材料   800 000

　　贷：实收资本   800 000

(4)借：库存现金   10 000

　　贷：银行存款   10 000

(5) 借：无形资产　　　　　　　　　　　　　　　　　　　60 000
　　　贷：实收资本　　　　　　　　　　　　　　　　　　　　60 000

(6) 借：银行存款　　　　　　　　　　　　　　　　　　　700 000
　　　贷：实收资本　　　　　　　　　　　　　　　　　　　　700 000

(7) 借：银行存款　　　　　　　　　　　　　　　　　　　70 000
　　　贷：短期借款　　　　　　　　　　　　　　　　　　　　70 000

(8) 借：长期借款　　　　　　　　　　　　　　　　　　　910 000
　　　贷：银行存款　　　　　　　　　　　　　　　　　　　　910 000

2. 登记"银行存款"总分类账。

借方		银行存款	贷方	
期初余额	800 000			
(6)	700 000			
			(2)	500 000
			(4)	10 000
(7)	70 000		(8)	910 000
本期发生额	770 000		本期发生额	1 420 000
期末余额	150 000			

(三) 实务练习题三

(1) 购入甲材料的账务处理为：

借：原材料(32 320＋2 680)　　　　　　　　　　　　　35 000.0
　　应交税费——应交增值税(进项税额)　　　　　　　　　4 201.6
　　贷：应付账款　　　　　　　　　　　　　　　　　　　　39 201.6

甲材料的总成本＝32 320＋2 680＝35 000(元)

实际入库数量＝2 020－20＝2 000(千克)

(2) 企业销售甲材料确认收入的账务处理为：

借：应收账款　　　　　　　　　　　　　　　　　　　　2 260
　　贷：其他业务收入　　　　　　　　　　　　　　　　　　2 000
　　　　应交税费——应交增值税(销项税额)　　　　　　　　260

(3) 企业发出甲材料采用月末一次加权平均法核算，本月甲材料加权平均单位成本＝(2 000×15＋2 000×17.5)÷(2 000＋2 000)＝16.25(元/千克)。

(4) 结转本月发出甲材料成本的账务处理为：

借：其他业务成本(100×16.25)	1 625
生产成本(3 000×16.25)	48 750
制造费用(100×16.25)	1 625
贷：原材料	52 000

（四）实务练习题四

(1) 向乙公司销售商品的账务处理为：

借：应收账款——乙公司	113 000
贷：主营业务收入	100 000
应交税费——应交增值税(销项税额)	13 000

(2) 向丙公司销售商品的账务处理为：

借：应收账款——丙公司	339 000
贷：主营业务收入	300 000
应交税费——应交增值税(销项税额)	39 000

(3) 收回乙公司应收账款的账务处理为：

借：银行存款	113 000
贷：应收账款——乙公司	113 000

（五）实务练习题五

产品销售业务的相关会计分录如下：

(1) 借：银行存款	95 000
贷：应收账款	95 000
(2) 借：销售费用	1 300
贷：库存现金	1 300
(3) 借：应收账款	341 500
贷：主营业务收入	300 000
应交税费——应交增值税(销项税额)	39 000
银行存款	2 500

（4）借：税金及附加 3 800
　　　　贷：应交税费——应交城建税 3 800

（5）借：销售费用 14 000
　　　　贷：原材料 14 000

（6）借：应收票据 226 000
　　　　贷：主营业务收入 200 000
　　　　　　应交税费——应交增值税（销项税额） 26 000

（7）借：银行存款 70 000
　　　　贷：应收票据 70 000

（8）借：银行存款 113 000
　　　　贷：主营业务收入 100 000
　　　　　　应交税费——应交增值税（销项税额） 13 000

（9）借：主营业务成本 320 000
　　　　贷：库存商品 320 000

（10）借：销售费用 1 700
　　　　贷：累计折旧 1 700

（11）借：销售费用 1 710
　　　　贷：应付职工薪酬 1 710

（12）借：销售费用 950
　　　　贷：库存现金 950

（六）实务练习题六

（1）借：管理费用 1 600
　　　　库存现金 400
　　　　贷：其他应收款 2 000

（2）借：应交税费 124 000
　　　　贷：银行存款 124 000

(3) 借：管理费用　　　　　　　　　　　　　　　　　　　　400
　　　贷：库存现金　　　　　　　　　　　　　　　　　　　　　　　400

(4) 借：财务费用　　　　　　　　　　　　　　　　　　　 35 000
　　　贷：应付利息　　　　　　　　　　　　　　　　　　　　　 35 000

(5) 借：销售费用　　　　　　　　　　　　　　　　　　　 20 000
　　　贷：银行存款　　　　　　　　　　　　　　　　　　　　　 20 000

(6) 借：银行存款　　　　　　　　　　　　　　　　　　　 50 000
　　　贷：营业外收入　　　　　　　　　　　　　　　　　　　　 50 000

(7) 借：营业外支出　　　　　　　　　　　　　　　　　　 30 000
　　　贷：银行存款　　　　　　　　　　　　　　　　　　　　　 30 000

(8) 借：税金及附加　　　　　　　　　　　　　　　　　　　3 400
　　　贷：应交税费——应交城建税　　　　　　　　　　　　　　 3 400

(9) 借：银行存款　　　　　　　　　　　　　　　　　　　452 000
　　　贷：主营业务收入　　　　　　　　　　　　　　　　　　 400 000
　　　　　应交税费——应交增值税（销项税额）　　　　　　　　 52 000

(10) 借：生产成本——甲产品　　　　　　　　　　　　　 180 000
　　　　 制造费用　　　　　　　　　　　　　　　　　　　 32 800
　　　　 管理费用　　　　　　　　　　　　　　　　　　　 50 000
　　　贷：应付职工薪酬　　　　　　　　　　　　　　　　　　 262 800

(11) 借：库存现金　　　　　　　　　　　　　　　　　　 262 800
　　　贷：银行存款　　　　　　　　　　　　　　　　　　　　 262 800
　　　借：应付职工薪酬　　　　　　　　　　　　　　　　 262 800
　　　贷：库存现金　　　　　　　　　　　　　　　　　　　　 262 800

(12) 借：银行存款　　　　　　　　　　　　　　　　　　　59 500
　　　贷：应收账款——久安工厂　　　　　　　　　　　　　　 59 500

(13) 借：应付账款——金星工厂　　　　　　　　　　　　　　2 000
　　　　　　——大明工厂　　　　　　　　　　　　　　15 000
　　　贷：银行存款　　　　　　　　　　　　　　　　　　　17 000

(14) 借：应收账款——长安工厂　　　　　　　　　　　　　226 000
　　　贷：主营业务收入　　　　　　　　　　　　　　　　　200 000
　　　　　应交税费——应交增值税(销项税额)　　　　　　　26 000

(15) 借：制造费用　　　　　　　　　　　　　　　　　　　18 000
　　　　管理费用　　　　　　　　　　　　　　　　　　　2 000
　　　贷：银行存款　　　　　　　　　　　　　　　　　　　20 000

(16) 借：制造费用　　　　　　　　　　　　　　　　　　　600
　　　贷：库存现金　　　　　　　　　　　　　　　　　　　600

(17) 借：管理费用　　　　　　　　　　　　　　　　　　　800
　　　贷：库存现金　　　　　　　　　　　　　　　　　　　800

(18) 借：主营业务成本　　　　　　　　　　　　　　　　　430 000
　　　贷：库存商品　　　　　　　　　　　　　　　　　　　430 000

(19) 借：主营业务收入　　　　　　　　　　　　　　　　　600 000
　　　　营业外收入　　　　　　　　　　　　　　　　　　50 000
　　　贷：本年利润　　　　　　　　　　　　　　　　　　　650 000

(20) 借：本年利润　　　　　　　　　　　　　　　　　　　573 200
　　　贷：管理费用　　　　　　　　　　　　　　　　　　　54 800
　　　　　财务费用　　　　　　　　　　　　　　　　　　　35 000
　　　　　销售费用　　　　　　　　　　　　　　　　　　　20 000
　　　　　营业外支出　　　　　　　　　　　　　　　　　　30 000
　　　　　税金及附加　　　　　　　　　　　　　　　　　　3 400
　　　　　主营业务成本　　　　　　　　　　　　　　　　　430 000

(21) 利润总额＝650 000－573 200＝76 800(元)

　　　应交所得税＝76 800×25%＝19 200(元)

借：所得税费用 19 200
　　贷：应交税费——应交所得税 19 200

（22）借：本年利润 19 200
　　　贷：所得税费用 19 200

（23）本月净利润＝76 800－19 200＝57 600（元）

借：利润分配——提取盈余公积 5 760
　　贷：盈余公积 5 760

（24）借：利润分配 50 000
　　　贷：应付股利 50 000

（25）借：应付股利 28 000
　　　贷：银行存款 28 000

六、案例分析题

1. 要想计量一个经济个体的财务状况和经营成果，必须把它和投资人严格分开，单独记账。因为，无论是会计主体的经济活动，还是会计主体所有者的经济活动，都最终影响所有者的经济利益，但是，会计核算工作只涉及会计主体范围内的经济活动。为了真实地反映会计主体的财务状况、经营成果和现金流量，必须将会计主体的经济活动与会计主体所有者的经济活动区别开来。会计之所以很难回答 A 的问题，是因为该公司将会计主体的经济活动与会计主体所有者的经济活动混在一起了，这样无法计算公司的经营成果。

2. B 的指责不正确。对于一件事情如何办最经济，从短期和长期来看，结论是不同的。企业算账时也会遇到类似问题，即不知道企业还将存续多久。在市场经济中，企业可能会因亏损或其他原因终止经营，而事先并不知道何时会出现这种情况，会计上约定，我们假设企业将长期存在下去，即不打算也没有必要在近期实行清算或大大缩减经营规模。明确这个基本前提，就意味着会计主体将按照既定用途使用资产，按照规定的合约条件清偿债务，会计人员就可以在此基础上选择会计原则和会计方法。

由于持续经营是根据企业发展的一般情况所作的设定,而任何企业都存在破产、清算的风险,也就是说,企业不能持续经营的可能性总是存在的。为此,需要企业定期对其持续经营基本前提作出分析和判断。如果判断企业不会持续经营,就应当改变会计核算的原则和方法,并在企业财务会计报告中作相应披露。只根据市场疲软、企业效益下滑现象,就改变会计核算的原则和方法是不正确的。

3. 工程还没有结束,却要按利润的一定比例提取积累,为添置设备做准备。怎么办呢?一般而言,会计人员假设企业的经营活动是分期进行的,一年算一次账。因此,根据会计分期假设,可以分期结算盈亏,提取盈利,增加积累。

4. AE

5. 会计核算的内容只限于那些能够用货币计量的经济活动。而对于企业发生不能用货币计量的经济活动,只能在会计报表之外以附注或财务情况说明书的形式予以补充和说明。因此,A要求会计将企业优越的地理位置、信誉指数高等情况反映在报表中,会计确实是很难做到。

七、思考题

1. 与单式记账法相比,复式记账法具有以下几个特点:

(1) 复式记账法对每项经济业务都要在相互联系的两个或两个以上的账户中进行记录。这样记录的结果,不仅可以了解每一项经济业务的来龙去脉,而且可以通过会计要素的增减变动,全面、系统地了解经济活动的过程和结果。

(2) 复式记账法要求以相等的金额在两个或两个以上的账户同时进行登记,因此,可以对账户记录的结果进行试算平衡,以检查账户记录的正确性。

(3) 复式记账法设置了完整的账户体系,能对每一经济业务进行全面反映。

复式记账法按照采用的记账符号和记账规则的不同,可以分为借贷记账法、收付记账法和增减记账法。其中,借贷记账法是世界各国普遍采用的一种记账方法,在我国也是应用最广泛的一种记账方法。

2. (1) 记账符号。借贷记账法以"借(debit)""贷(credit)"作为记账符号,把每个账户结构都划分为"借方""贷方"和"余额"三栏。借方在左,贷方在右,以反映资金的增减变化情况。"借""贷"的含义因账户性质不同而有所不同。"借""贷"表示会计要素的增减变动,什么时候用"借",什么时候用"贷",取决于所反映的经济内容和涉及的账户的性质。

(2) 任何经济业务的发生,至少会同时导致两个账户发生变化。从资金运动的过程来看,任何一项具体的会计业务或者会计事项都体现了资金的来龙去脉,因此,用借贷记账法反映某笔业务引起的资金变化的情况,至少有两个方面,所以至少要在两个账户进行登记,一个登记来,一个登记去。

(3) 经济业务发生以后,所计入的账户必须至少包含一个借方账户和一个贷方账户,可以是一借一贷、一借多贷、多借一贷、多借多贷的形式。

(4) 不管借方、贷方各自涉及多少个账户,借方的金额(合计)与贷方的金额(合计)必然相等。

(5) 记账规则。对于一项经济业务的发生,必须计入两个或多个相互联系的账户,且所计入的账户必须至少包含一个借方账户和一个贷方账户,且借方金额(合计)必须等于贷方金额(合计)。

3. 企业需要对每一会计期间内发生的大量经济业务编制会计分录,而在编制会计分录的过程中难免会发生错误,为了保证会计核算的准确性,在记账之前,应当对编制的会计分录的正确性进行检查。这项检查工作是通过进行试算平衡来完成的。试算平衡就是根据"资产=负债+所有者权益"的平衡关系,按照记账规则的要求,通过汇总计算和比较,来检查账户记录的正确性、完整性。

根据记账规则,发生的每一笔业务的借方发生额都应与其贷方发生额相等,那么一个会计期间发生的所有经济业务的借方发生额合计数也必然与其贷方发生额合计数相等。以此进一步可以推出,一个会计期间全部账户的期末借方余额也必然等于期末贷方余额;全部账户的期初借方余额也必然等于期初贷方余额。因此,可以得出借贷记账法下试算平衡的三个公式:

(1) 发生额试算平衡公式:全部账户借方发生额合计=全部账户贷方发生额合计。

(2) 期末余额试算平衡公式:全部账户期末借方余额=全部账户期末贷方

余额。

（3）期初余额试算平衡公式：全部账户期初借方余额＝全部账户期初贷方余额。

4. 一般对于制造业企业来讲，首先需要筹集经营活动所需的资金。企业筹集了足够资金后，便可开展日常的生产经营活动。

制造企业的日常生产经营活动是以生产过程为中心，实现供应过程、生产过程和销售过程三者的统一。①供应过程的主要业务包括材料的采购、装运、验收，支付材料买价、运杂费，办理与供应、运输等单位的结算业务以及计算采购成本等。这一阶段，企业将货币资金转化为储备资金。②在生产过程中，一方面，生产工人通过对原材料的加工制作，生产出市场所需的各种产品；另一方面，产品的生产过程，又是各要素的消耗过程，包括材料的消耗、固定资产的消耗、员工的人力消耗等，将这些消耗形成的费用中可对象化的部分，按照产品对象进行归集和分配，得到产品的总成本和单位成本，企业将储备资金转化为生产资金。随着完工产品的验收入库，实现了生产资金向产品资金的转化。③在销售过程中，企业通过销售商品取得销售收入的同时，还需要支付必要的产品包装、运输、广告等销售所需的费用，要计算销售成本，要发生销售税金，办理货款及其他各项销售费用的结算，实现产品资金向货币资金的转化。

企业在组织上述生产经营活动的过程中，还会发生管理费用、财务费用，用所取得的营业收入扣除各种营业成本、费用后，计算确定盈亏及应交所得税，确定财务成果。最后，年终应确定利润分配政策，对全年的利润按规定程序进行合理分配。企业除了取得收入、获取利润之外，还要履行其他的对各个利益相关群体的义务，表现为一部分资金以发放工资、上缴税费、偿还本息以及支付股利等形式逐步退出企业。

5. 采购过程是指从采购材料物资开始，直到材料物资验收入库为止的整个过程。它的主要任务是组织采购材料物资，正确储备，以保证生产经营的需要。采购过程业务核算包括以下两方面的内容：取得材料物资，计算材料采购成本，并进行材料物资的验收入库，以备生产领用；与供货单位款项结算。采购过程一方面是取得材料物资;另一方面是支付款项。由于结算方式的制约,在与供应单位结算时会出现以下三种情况:材料验收入库的同时支付了款项;材料已验收入库,款项尚未支付;企业先预付款项,以后才收材料。

为了总括地核算和监督材料物资购进业务的情况,应根据供应过程业务核算的内容设置两类账户,一类账户反映材料物资的增加;一类账户反映款项结算。

1) 反映材料物资增加的账户

反映材料物资增加的账户主要有"原材料"账户,同时,为了反映不计入采购成本的价外增值税,还需单独设置"应交税费"账户及其所属"应交增值税(进项税额)"明细账户。这些账户的性质和基本结构如下:

(1) "原材料"账户。它属于资产类账户,用以核算企业库存的各种材料的实际成本。该账户借方登记验收入库的原材料的实际成本;贷方登记出库的原材料的实际成本。期末余额在借方,反映库存材料的实际成本。该账户应按材料的品种、规格设置明细账户,进行明细核算。

(2) "应交税费"账户。它属于负债类账户,用以核算企业应交纳的各种税金。该账户贷方登记应交纳的各种税金;借方登记已交纳的各种税金。期末贷方余额,反映尚未交纳的税金;期末如为借方余额,反映企业多交或尚未抵扣的税金。该账户应按税种设"应交增值税""应交消费税""应交营业税""应交所得税费用"等明细账户,进行明细核算。

其中,"应交税费——应交增值税"账户的借方反映企业购进货物或接受应税劳务支付的进项税额等;贷方反映销售货物或提供应税劳务应交纳的销项税额等。

2) 反映款项结算的账户

由于采购的结算方式不同,反映款项结算的账户也不一样。通常以库存现金和银行存款直接支付款项时,应设置"库存现金""银行存款"账户,反映货币资金的增减变化及结存情况;购进材料物资未付款时,构成与供应单位的债务关系,应设置"应付账款""应付票据"账户,反映债务的形成及偿还情况;预付材料物资款项时,实际上是转移了一笔款项,会计上应设置"预付账款"账户,专门反映这一款项的转移及其结算情况。这些账户的性质和基本结构如下:

(1)"应付账款"账户。它属于负债类账户,用以核算企业因购买材料、商品或接受劳务供应等而应付给供应单位的款项。该账户贷方登记应支付但尚未支付的款项;借方登记偿还的账款。期末贷方余额,反映企业尚未支付的应付账款。该账户应按供应单位设置明细账户,进行明细核算。

(2)"应付票据"账户。它属于负债类账户,用以核算企业因购买材料、商品或接受劳务供应等而开出、承兑的商业汇票,包括银行承兑汇票和商业承兑汇票。该账户贷方登记企业开出、承兑的商业汇票面值和期末应计的利息;借方登记到期支付的款项或转作应付账款或短期借款的款项。期末贷方余额,反映企业持有尚未到期的应付票据本息。为了加强应付票据的管理,企业应当设置"应付票据备查簿",详细登记每一应付票据的种类、号数、签发日期、到期日、票面金额、票面利率、合同交易号、收款人姓名或单位名称、付款日期和金额等资料。应付票据到期结清时,应当在备查簿内逐笔注销。

(3)"预付账款"账户。它属于资产类账户,用以核算企业按照购货合同规定预付给供应单位的款项。该账户借方登记企业按购货合同规定预付给供货单位的款项以及结算货款时补付给供货单位的款项;贷方登记企业预付货款中收到的物资的款项以及收到供货单位退回的预付货款。期末借方余额,反映企业实际预付的款项,期末如为贷方余额,反映企业尚未补付的款项。该账户应按供应单位设置明细账户,进行明细核算。预付款项情况不多的企业,也可以将预付的款项直接记入"应付账款"账户的借方,而不设置"预付账款"账户。

6. 为了总括地核算和监督企业在生产过程中生产费用的发生、归集和分配情况,根据生产耗费业务核算的内容,应设置以下三类账户:一类是反映生产耗费发生的费用,如"原材料""应付职工薪酬""累计折旧"等账户;一类是反映支付期与受益期不一致的费用,如"长期待摊费用""其他应收款"等账户;一类是反映生产费用的归集和分配及成本的结转,如"生产成本""制造费用""管理费用""财务费用""销售费用""库存商品"等账户。这些账户的性质和基本结构如下:

(1)"应付职工薪酬"账户。它属于负债类账户,用以核算企业应付给职工的各种薪酬。本账户可按"工资""职工福利""社会保险费""住房公积金""工会经费""职工教育经费""非货币性福利""辞退福利""股份支付"等进行明细核算。该账户贷方登记实际发生计入成本、费用的应付职工的工资、福利费、工会经费等；借方登记实际已支付的职工的工资、福利费、工会经费等。本账户期末贷方余额，反映应付未付的职工薪酬。

（2）"累计折旧"账户。它属于资产类备抵账户，用以核算企业固定资产累计损耗的价值。该账户贷方登记企业按月计提的固定资产折旧额；借方登记出售、报废和毁损的固定资产已提折旧额。期末贷方余额，反映现有固定资产已提取的累计折旧额。该账户只进行总分类核算，不进行明细分类核算。若需要查明某项固定资产已提折旧，可以根据固定资产卡片上记载的该项固定资产原价、折旧率和实际使用年数等资料进行计算。企业在期末将"累计折旧"账户的贷方余额备抵"固定资产"账户的借方余额，可求得期末固定资产的净值。

（3）"累计摊销"账户。它属于资产类备抵账户，用以核算企业对使用寿命有限的无形资产计提的累计摊销。本账户可按无形资产项目进行明细核算。企业按期计提无形资产的摊销，借记"管理费用""其他业务成本"等科目，贷记本账户。处置无形资产还应同时结转累计摊销。本账户期末贷方余额，反映企业无形资产的累计摊销额。

（4）"长期待摊费用"账户。它属于资产类账户，用以核算企业已经支出，但摊销期限在1年以上（不含1年）的各项费用，包括固定资产修理支出、租入固定资产的改良支出以及摊销期限在1年以上的其他待摊费用。该账记借方登记企业发生的长期待摊费用；贷方登记分期摊销的长期待摊费用。期末贷方余额，反映企业尚未摊销的各项长期待摊费用的摊余价值。该账户应按费用种类设置明细账户，进行明细核算。

（5）"其他应收款"账户。它属于资产类账户，用以核算企业除应收票据、应收账款、预付账款等以外的其他各种应收、暂付款项，包括应收的各种赔款、罚款，应向职工收取的各种垫付款项等。该账户借方登记企业应收、暂付的各种款项；贷方登记其他应收、暂付款的收回数或转销数。期末借方余额，反映企业尚未收回的其他应收款。该账户应按其他应收款的项目分类，并按不同的债务人设置明细账户,进行明细核算。

(6)"生产成本"账户。它属于成本类账户,用以核算企业为生产产品而发生的各项生产费用。该账户借方登记为进行产品生产而发生和各种生产费用,包括直接材料、直接人工和制造费用;贷方登记企业已完工并已验收入库的产成品成本。期末借方余额,反映企业尚未加工完成的各项在产品的成本。该账户应按基本生产车间和辅助生产车间设置"基本生产成本"和"辅助生产成本"两个二级明细分类账户,在"基本生产成本"二级账户下还应按成本核算对象(如产品的品种等)设置明细账户,并按规定的成本项目(如直接材料、直接人工、制造费用)设置专栏。

(7)"制造费用"账户。它属于成本类账户,用以核算企业为生产产品和提供劳务而发生的各项间接费用。该账户借方登记发生的各项间接费用;贷方登记期末按一定的分配方法和分配标准将制造费用在各成本计算对象间的分配结转额。期末结转后一般无余额。该账户应按不同的车间、部门设置明细账户,并按费用的经济用途和经济性质设置专栏。

(8)"管理费用"账户。它属于损益类账户,用以核算企业为组织和管理企业生产经营所发生的管理费用。该账户借方登记企业发生的各项管理费用;贷方登记应冲销的管理费用和期末转入"本年利润"账户的管理费用。期末结转后无余额。该账户应按费用项目设置明细账户,进行明细核算。

(9)"库存商品"账户。它属于资产类账户,用以核算企业库存的各种商品的实际成本。该账户的借方登记入库产成品的实际成本,贷方登记发出产成品的实际成本。期末借方余额,反映库存产成品和实际成本。该账户应按产品的种类、品种或规格设置明细账户,进行明细核算。

7. 销售过程是企业生产经营活动的最终环节。企业从生产过程制造完成的产成品验收入库开始,到产品销售给购买方为止的过程被称为销售过程。这一过程既是产品价值和使用价值的实现过程(即收入的实现过程),又是与收入相配比的成本费用的补偿过程。销售业务核算的内容决定了应设置两类账户,一类账户核算企业收入的实现及其款项的结算业务;一类账户核算与收入相关的成本费用的发生与结转。

1) 反映收入实现及价款结算的账户

为了总括地核算和监督企业主营业务收入和其他业务收入的实现以及价款结算情况,应设置"主营业务收入""其他业务收入""应交税费""银行存款""应收账款""预收账款"以及"坏账准备"等账户。这些账户的性质和基本结构如下:

(1)"主营业务收入"账户。它属于损益类账户,用以核算企业在销售商品、提供劳务及让渡资产使用权等日常活动中所产生的收入。该账户的贷方登记主营业务收入的实现数额;借方登记销售退回、销售折让冲减本期销售收入数额和期末结转"本年利润"账户的主营业务收入数额。结转后该账户期末无余额。该账户应按主营业务的种类设置明细账户,进行明细核算。

(2)"其他业务收入"账户。它属于损益类账户,用以核算企业除主营业务收入以外的其他销售或其他业务的收入。该账户的贷方登记其他业务收入的实现数额;借方登记期末结转"本年利润"账户的其他业务收入额。结转后该账户无余额。该账户应按其他业务的种类设置明细账户,进行明细核算。

(3)"应收账款"账户。它属于资产类账户,用以核算企业因销售商品、产品、提供劳务等,应向购货单位或接受劳务单位收取的款项。不单独设置"预收账款"账户的企业,预收的账款也在该账户核算。该账户借方登记发生的应收款项;贷方登收回应收款项、转作商业汇票结算的应收款项和已结转坏账损失的款项。期末借方余额,反映企业尚未收回的应收账款,期末若为贷方余额,反映企业预收的账款。该账户应按不同的购货单位或接受劳务的单位设置明细账户,进行明细核算。

(4)"坏账准备"账户。它属于资产类账户,是"应收账款"和"其他应收款"账户的抵减账户,用以核算企业提取的坏账准备。该账户贷方登记提取的坏账准备以及重新收回的已转销的坏账;借方登记实际发生的坏账损失以及按规定应转销的坏账准备。期末余额在贷方,表示已经提取但尚未冲销的坏账准备。该账户不设明细账。

(5)"应收票据"账户。它属于资产类账户,用以核算企业因销售商品、产品、提供劳务等而收到的商业汇票,包括银行承兑汇票和商业承兑汇票。该账户借方登记应收票据的增加数;贷方登记应收票据的减少数。期末借方余额,反映企业持有的商业汇票的票面价值和应计利息。该账户应按不同的票据种类分别设置明细账。企业还应设置"应收票据备查簿",逐项登记应收票据,应收票据到期结清票款后应在备查簿内逐项注销。

(6)"预收账款"账户。它属于负债类账户,用以核算企业按合同规定向购货单位预收的款项。该账户贷方登记向购货单位预收的货款和收到购货单位补付的货款;借方登记销售实现时,所实现的收入和应交增值税销项税额以及退回多付的款项。期末贷方余额,反映企业向购货单位预收的款项;期末若为借方余额,反映企业应由购货单位补付的款项。该账户应按购货单位设置明细账,进行明细核算。

2)反映与收入配比的成本费用账户

为了总括地核算和监督企业与收入相配比的销售成本、销售费用、销售税金等的发生与结转情况,应设置"主营业务成本""税金及附加""销售费用""其他业务成本"等账户。这些账户的性质和基本结构如下:

(1)"主营业务成本"账户。它属于损益类账户,用以核算企业因销售商品、提供劳务或让渡资产使用权等日常活动而发生的实际成本。该账户借方登记已经销售商品、提供劳务等主营业务的实际成本;贷方登记期末转入"本年利润"账户的主营业务成本。结转后期末应无余额。该账户应按主营业务的种类设置明细账户,进行明细核算。

(2)"税金及附加"账户。它属于损益类账户,用以核算企业日常活动应负担的税金及附加,包括营业税、消费税、城市维护建设税、资源税、教育事业费附加等。该账户借方登记按照规定计算出应由主营业务负担的税金及附加,贷方登记收到的先征后返的消费税、营业税等税金及月末转入"本年利润"账户的营业税金及附加。结转后该账户期末应无余额。

(3)"其他业务成本"账户。它属于损益类账户,用以核算企业除主营业务成本以外的其他销售或其他业务所发生其他业务成本。借方登记发生的其他业务成本,贷方登记期末转入"本年利润"账户的其他业务成本。结转后期末应无余额。该账户应按其他业务的种类设置明细账户,进行明细核算。

(4)"销售费用"账户。它属于损益类账户,用以核算企业销售商品过程中发生的费用,包括运输费、装卸费、包装费、保险费、展览费和广告费以及为销售本企业商品而专设的销售机构的职工工资及福利费、类似工资性质的费用、业务费等经营费用。该账户借方登记发生的销售费用;贷方登记期末转入"本年利润"账户的销售费用。结转后期末应无余额。该账户应按费用项目设置明细账户,进行明细核算。

8. 企业的利润,就其形成来看,既有通过生产经营活动而获得的,也有通过投资活动而获得的,还包括那些与生产经营活动无直接关系的事项所引起的盈亏。根据《企业会计制度》的规定:

利润总额(或亏损总额)＝营业利润＋营业外收入－营业外支出

净利润(或净亏损)＝利润总额(或亏损总额)－所得税费用

(1)营业利润。营业利润是指营业收入减去营业成本、营业税金及附加、销售费用、管理费用、财务费用、资产减值损失,再加上公允价值变动损益、投资收益后的金额,用计算公式表示如下:

营业利润＝营业收入－营业成本－税金及附加－销售费用－管理费用－财务费用－资产减值损失＋公允价值变动损益＋投资收益

(2)营业外收入和营业外支出。营业外收入和营业外支出是指企业发生的与其生产经营活动无直接关系的各项收入和各项支出。其中,营业外收入包括固定资产盘盈、处置固定资产净收益、出售无形成资产的净收益、罚款净收入等;营业外支出包括固定资产盘亏、处置固定资产净损失、处置无形资产净损失、债务重组损失、罚款支出、捐赠支出、非常损失等。营业外收入和营业外支出不存在必然联系,因而不存在配比关系,应当分别核算,并在利润表中分列项目反映。

(3)所得税费用。按照资产负债表债务法核算所得税的情况下,利润表中的所得税费用由两个部分组成:当期所得税和递延所得税。当期所得税是指企业按照企业所得税法规定针对当期发生的交易和事项,确定应纳税所得额计算的应纳税额,即应缴所得税。当期所得税,应以适用的企业所得税法规定为基础计算确定。递延所得税,是指按照所得税准则规定,应予确认的递延所得税资产和递延所得税负债,在期末应有的金额相对于原已确认金额之间的差额,即递延所得税资产及递延所得税负债当期发生额的综合结果。

第五章 账户的分类

一、名词解释

1. 会计账户的经济内容是指账户反映的会计对象的具体内容。账户的经济内容是账户分类的基础,账户按经济内容的分类也是对账户的最基本分类。会计账户按经济内容可以分为五类,即资产类账户、负债类账户、所有者权益类账户、收益类账户和成本费用类账户。

2. 资产类账户是反映由企业过去的交易或者事项形成的、预期会带来经济利益流入的资源,如各种财产、债权和其他权利的增加、减少、结存情况的账户。

3. 负债类账户是反映由企业过去的交易或者事项形成的、预期会导致经济利益流出企业的现时义务的增加、减少、结存情况的账户。

4. 盘存账户是用来反映各项货币资金和财产物资的增加、减少以及结存数额的账户,如"库存现金""银行存款""原材料""库存商品""工程物资""固定资产"等账户。

5. 资本账户是用来核算和监督来自企业内部的资本积累和来自企业外部的各种投资、资本的增加、减少和结余情况的账户,如"实收资本""资本公积""盈余公积"等账户。

6. 总分类账户又可称为总账账户,或一级账户,是对企业经济活动的具体内容进行总括核算的账户,它能够提供某一具体内容的总括核算指标。

二、单项选择题

1. B 2. C 3. B 4. B 5. B 6. D 7. A 8. A 9. D 10. C 11. B 12. C

三、多项选择题

1. ABD 2. BD 3. ABC 4. ABD 5. ABE 6. BDE 7. ABD 8. BCE
9. BCE 10. BDE 11. BDE 12. ACD 13. AC

四、判断题

1. × 2. × 3. × 4. √ 5. × 6. × 7. √ 8. × 9. × 10. ×

五、会计核算题

1. 丙公司2×19年1月会计分录如下：

（1）借：银行存款　　　　　　　　　　　　　　　　420 000
　　　贷：实收资本　　　　　　　　　　　　　　　　　420 000

（2）借：银行存款　　　　　　　　　　　　　　　　600 000
　　　贷：短期借款　　　　　　　　　　　　　　　　　600 000

（3）借：库存现金　　　　　　　　　　　　　　　　　8 000
　　　贷：银行存款　　　　　　　　　　　　　　　　　　8 000

（4）借：原材料　　　　　　　　　　　　　　　　　60 000
　　　贷：应付账款　　　　　　　　　　　　　　　　　60 000

（5）借：应付账款　　　　　　　　　　　　　　　　50 000
　　　贷：应付票据　　　　　　　　　　　　　　　　　50 000

（6）借：短期借款　　　　　　　　　　　　　　　　100 000
　　　贷：银行存款　　　　　　　　　　　　　　　　　100 000

（7）借：固定资产　　　　　　　　　　　　　　　　300 000
　　　贷：银行存款　　　　　　　　　　　　　　　　　300 000

（8）借：原材料　　　　　　　　　　　　　　　　　40 000
　　　贷：银行存款　　　　　　　　　　　　　　　　　30 000
　　　　　应付账款　　　　　　　　　　　　　　　　　10 000

(9) 借：短期借款　　　　　　　　　　　　　　　　　　　100 000

　　　应付账款　　　　　　　　　　　　　　　　　　　　60 000

　　贷：银行存款　　　　　　　　　　　　　　　　　　　　　　160 000

2. 登记总分类账户，结算出本期发生额和期末余额。

借方	银行存款		贷方
		(3)	8 000
期初余额	160 000	(6)	100 000
(1)	420 000	(7)	300 000
(2)	600 000	(8)	30 000
		(9)	160 000
本期借方发生额合计	1 020 000	本期贷方发生额合计	598 000
期末余额	582 000		

借方	实收资本		贷方
		期初余额	11 020 000
		(1)	420 000
本期借方发生额合计		本期贷方发生额合计	420 000
		期末余额	11 440 000

借方	短期借款		贷方
		期初余额	130 000
(6)	100 000	(2)	600 000
(9)	100 000		
本期借方发生额合计	200 000	本期贷方发生额合计	600 000
		期末余额	530 000

借方	库存现金		贷方
期初余额	10 000		
(3)	8 000		
本期借方发生额合计	8 000	本期贷方发生额合计	
期末余额	18 000		

借方	原材料		贷方
期初余额	200 000		
(4)	60 000		
(8)	40 000		
本期借方发生额合计	100 000	本期贷方发生额合计	
期末余额	300 000		

借方	应付账款		贷方
		期初余额	100 000
(5)	50 000	(4)	60 000
(9)	60 000	(8)	10 000
本期借方发生额合计	110 000	本期贷方发生额合计	70 000
		期末余额	60 000

借方	应付票据		贷方
		期初余额	120 000
		(5)	50 000
本期借方发生额合计		本期贷方发生额合计	50 000
		期末余额	170 000

借方	固定资产		贷方
期初余额	11 000 000		
(7)	300 000		
本期借方发生额合计	300 000	本期贷方发生额合计	
期末余额	11 300 000		

六、案例分析题

1. 华明公司 2020 年 1 月会计分录如下：

（1）借：银行存款　　　　　　　　　　　　　　　　　　　　　　　1 000 000

　　　贷：实收资本　　　　　　　　　　　　　　　　　　　　　　　　　　1 000 000

（2）借：银行存款　　　　　　　　　　　　　　　　　　　　　　　　100 000

　　　贷：短期借款　　　　　　　　　　　　　　　　　　　　　　　　　　　100 000

（3）借：实收资本　　　　　　　　　　　　　　　　　　500 000
　　　贷：银行存款　　　　　　　　　　　　　　　　　　　　　500 000

（4）借：短期借款　　　　　　　　　　　　　　　　　　100 000
　　　贷：银行存款　　　　　　　　　　　　　　　　　　　　　100 000

（5）借：库存现金　　　　　　　　　　　　　　　　　　 20 000
　　　贷：银行存款　　　　　　　　　　　　　　　　　　　　　 20 000

（6）借：应付账款　　　　　　　　　　　　　　　　　　 50 000
　　　贷：短期借款　　　　　　　　　　　　　　　　　　　　　 50 000

（7）借：盈余公积　　　　　　　　　　　　　　　　　　 12 000
　　　贷：实收资本　　　　　　　　　　　　　　　　　　　　　 12 000

（8）借：短期借款　　　　　　　　　　　　　　　　　　 50 000
　　　贷：实收资本　　　　　　　　　　　　　　　　　　　　　 50 000

（9）借：实收资本　　　　　　　　　　　　　　　　　　 30 000
　　　贷：短期借款　　　　　　　　　　　　　　　　　　　　　 30 000

2. 各账户本期发生额和余额试算平衡如下表所示。

本期科目数额表　　　　　　　　　　　　　　　　　　　　　　　　单位：元

科目名称	期初余额		本期发生额		期末余额	
	借方	贷方	借方	贷方	借方	贷方
库存现金	1 000		20 000		21 000	
银行存款	1 999 000		1 100 000	620 000	2 479 000	
短期借款		300 000	150 000	180 000		330 000
应付账款		500 000	50 000			450 000
盈余公积		200 000	12 000			188 000
实收资本		1 000 000	530 000	1 062 000		1 532 000
合计	2 000 000	2 000 000	1 862 000	1 862 000	2 500 000	2 500 000

七、思考题

并不是实账户都有实际经济意义，虚账户都没有经济意义。实账户和虚账户的划分只是从是否有期末余额这个角度进行的,与是否具有经济意义无关。我们通常将期末有余额的账户称为实账户,实账户的期末余额代表着企业的资产、负债或所有者权益;将期末无余额的账户称为虚账户,虚账户的发生额反映企业的损益情况。可见,实账户和虚账户都是对企业某类经济业务的核算,都具有经济意义。

第六章 会 计 凭 证

一、名词解释题

1. 会计凭证是记录经济业务发生或完成情况、明确经济责任的书面证明,是用来登记账簿的依据;也是组织经济活动、传递经济信息、实行会计监督的重要依据。

2. 原始凭证也称原始单据,是在经济业务发生时取得或填制的,用来记录和证明经济业务的发生与完成情况、明确经办人员经济责任,并作为记账原始依据的一种会计凭证。

3. 记账凭证是会计人员根据审核无误的原始凭证,按照经济业务的内容加以归类、整理,按照会计准则和记账规则确定会计分录而编制的凭证,是直接登记账簿的依据。

4. 收款凭证是用来记录货币资金收入业务的记账凭证,根据货币资金收入业务的原始凭证填制而成。

二、单项选择题

1. C 2. C 3. D 4. A 5. D 6. B 7. C 8. C 9. D 10. B 11. D 12. C 13. B 14. C 15. B 16. B 17. D 18. B 19. A 20. C

三、多项选择题

1. BCD 2. ABE 3. ACD 4. BE 5. ABCD 6. ACD 7. ABCDE 8. ABCD 9. BCDE 10. ABC

四、判断题

1. ✗ 2. ✓ 3. ✓ 4. ✗ 5. ✗ 6. ✗ 7. ✓ 8. ✗ 9. ✓ 10. ✗

五、案例分析题

（一）练习记账凭证的编制

1.

记账凭证

2×21 年 3 月 2 日　　　　　　　　　　　　　　凭证编号第 1 号

摘要	总账科目	明细科目	借方金额	贷方金额
A 投资者投资	银行存款		1 000 000	
	实收资本	A 投资者		1 000 000
合计			1 000 000	1 000 000

财务主管：　　　记账：　　　出纳：　　　审核：　　　制单：

2.

记账凭证

2×21 年 3 月 10 日　　　　　　　　　　　　　凭证编号第 2 1/2 号

摘要	总账科目	明细科目	借方金额	贷方金额
购买材料	在途物资		50 000	
	银行存款			50 000
合计			50 000	50 000

财务主管：　　　记账：　　　出纳：　　　审核：　　　制单：

记账凭证

2×21 年 3 月 10 日　　　　　　　　　　　　　凭证编号第 2 2/2 号

摘要	总账科目	明细科目	借方金额	贷方金额
材料验收入库	原材料	甲材料	50 000	
	在途物资			50 000
合计			50 000	50 000

财务主管：　　　记账：　　　出纳：　　　审核：　　　制单：

3.

记账凭证

2×21年3月11日　　　　　　　　　　　　　　　　凭证编号第3号

摘要	总账科目	明细科目	借方金额	贷方金额
购买设备	固定资产	C设备	100 000	
	银行存款			100 000
合计			100 000	100 000

财务主管：　　　　记账：　　　　出纳：　　　　审核：　　　　制单：

4.

记账凭证

2×21年3月15日　　　　　　　　　　　　　　　　凭证编号第4号

摘要	总账科目	明细科目	借方金额	贷方金额
偿还前欠货款	应付账款	K企业	100 000	
	银行存款	A投资者		100 000
合计			100 000	100 000

财务主管：　　　　记账：　　　　出纳：　　　　审核：　　　　制单：

5.

记账凭证

2×21年3月18日　　　　　　　　　　　　　　　　凭证编号第5号

摘要	总账科目	明细科目	借方金额	贷方金额
收回前欠货款	银行存款		50 000	
	应收账款	S公司		50 000
合计			50 000	50 000

财务主管：　　　　记账：　　　　出纳：　　　　审核：　　　　制单：

6.

记账凭证

2×21年3月20日　　　　　　　　　　　　　　　　凭证编号第6号

摘要	总账科目	明细科目	借方金额	贷方金额
提取现金	库存现金		5 000	
	银行存款			5 000
合计			5 000	5 000

财务主管：　　　　记账：　　　　出纳：　　　　审核：　　　　制单：

（二）练习会计凭证的应用

1. 借：银行存款　　　　　　　　　　　　　　　　　　　　　　　　300 000
　　　贷：短期借款　　　　　　　　　　　　　　　　　　　　　　　　　　300 000

原始凭证：银行入账通知单。
记账凭证：银行存款收款凭证。

2. 借：在途物资　　　　　　　　　　　　　　　　　　　　　　　　　　500
　　　贷：库存现金　　　　　　　　　　　　　　　　　　　　　　　　　　　500

原始凭证：运费通知单等。
记账凭证：现金付款凭证。

3. 借：银行存款　　　　　　　　　　　　　　　　　　　　　　　1 000 000
　　　贷：实收资本　　　　　　　　　　　　　　　　　　　　　　　　1 000 000

原始凭证：银行入账通知单。
记账凭证：银行存款收款凭证。

4. 借：其他应收款　　　　　　　　　　　　　　　　　　　　　　　　1 000
　　　贷：库存现金　　　　　　　　　　　　　　　　　　　　　　　　　1 000

原始凭证：职工借款单。
记账凭证：现金付款凭证。

5. 借：在途物资　　　　　　　　　　　　　　　　　　　　　　　　70 000
　　　贷：银行存款　　　　　　　　　　　　　　　　　　　　　　　　　70 000

原始凭证：购进发货票、银行结算单等。
记账凭证：银行存款付款凭证。

　借：在途物资　　　　　　　　　　　　　　　　　　　　　　　　30 000
　　　贷：预付账款　　　　　　　　　　　　　　　　　　　　　　　　　30 000

原始凭证：银行付款结算单。
记账凭证：转账凭证。

6. 借：原材料　　　　　　　　　　　　　　　　　　　　140 000
　　　贷：在途物资　　　　　　　　　　　　　　　　　　140 000

原始凭证：材料成本计算表。

记账凭证：转账凭证。

7. 借：应收账款　　　　　　　　　　　　　　　　　　　120 000
　　　贷：主营业务收入　　　　　　　　　　　　　　　　120 000

原始凭证：销售发票等。

记账凭证：转账凭证。

8. 借：生产成本　　　　　　　　　　　　　　　　　　　 50 000
　　　管理费用　　　　　　　　　　　　　　　　　　　 1 000
　　　贷：原材料　　　　　　　　　　　　　　　　　　　 51 000

原始凭证：发出材料汇总表、领料单。

记账凭证：转账凭证。

9. 借：库存商品　　　　　　　　　　　　　　　　　　　100 000
　　　贷：生产成本　　　　　　　　　　　　　　　　　　100 000

原始凭证：成品入库单、产成品成本计算表。

记账凭证：转账凭证。

10. 借：预付账款　　　　　　　　　　　　　　　　　　　 1 600
　　　贷：库存现金　　　　　　　　　　　　　　　　　　 1 600

原始凭证：租金收据。

记账凭证：现金付款凭证。

六、思考题

1. 会计凭证按其填制的程序和用途的不同进行分类，可分为原始凭证和记账凭证两类。

原始凭证按其取得的来源不同，可以分为外来原始凭证和自制原始凭证。自制原始凭证按其填制手续及反映业务的方法不同,又可分为一次凭证、累计凭证、汇总原始凭证和记账编制凭证。

记账凭证按其使用范围不同,分为专用记账凭证和通用记账凭证。专用记账凭证按其所记录的经济业务是否与货币资金收付有关,分为收款凭证、付款凭证和转账凭证。

记账凭证按其填制方式的不同,分为复式记账凭证和单式记账凭证。记账凭证按其是否经过汇总,分为非汇总记账凭证和汇总记账凭证。

2. 单式记账凭证是指每一张记账凭证只填列经济业务所涉及的一个会计科目及其金额的记账凭证,要求按照经济业务所涉及的每个会计科目分别填制记账凭证。

复式记账凭证是完整地记录和反映一项经济业务的记账凭证,要求将某项经济业务所涉及的全部会计科目集中反映在一张记账凭证上。

单式记账凭证反映的内容单一,便于分工记账,便于按会计科目汇总,但填制单式记账凭证,不便于反映经济业务全貌,不能清楚地反映账户对应关系。

复式记账凭证可以全面反映经济业务的账户对应关系,便于了解经济业务的全貌,可以减少记账凭证的数量,但采用复式记账凭证,不便于分工记账和汇总计算每一个会计科目的发生额。

3. 原始凭证的基本内容如下:

(1) 原始凭证的名称。

(2) 填制原始凭证的日期、编号。

(3) 填制凭证单位名称或填制人姓名。

(4) 接受凭证单位的名称。

(5) 经济业务内容。

(6) 数量、单价和金额。

(7) 经办人员的签名或盖章。

4. 现金和银行存款之间相互划转款项的业务,只填制付款凭证。

例如,从银行提取现金10 000元,只填制一张银行付款凭证,并据以登记银行存款日记账和现金日记账。

5. 记账凭证应包括以下基本内容：

（1）记账凭证的名称。

（2）填制凭证的日期和凭证的编号。

（3）经济业务的内容摘要。

（4）会计科目。

（5）记账方向。

（6）记账金额。

（7）所附原始凭证的张数。

（8）填制凭证人员、稽核人员、记账人员、会计机构负责人员、会计主管人员签名或盖章。

第七章　会 计 账 簿

一、名词解释

1. 红字更正法是用红字冲销或冲减原计数额，以更正或调整账簿记录的一种方法，即：由于记账凭证错误而使账簿记录发生错误，用红字冲销原记账凭证，以更正账簿记录。

2. 备查账簿又称辅助账簿，是对某些不能在日记账和分类账中记录的经济事项或记录不全的经济业务进行补充登记的账簿。

3. 简称账簿，是以会计凭证为依据，用于全面、系统、序时、分类地记录和反映各项经济业务的账簿。

4. 平行登记是指经济业务发生后，根据有关会计凭证，一方面记入有关的总分类账，另一方面记入总分类账所属的各有关明细分类账。

5. 收入分摊是指企业已经收取有关款项，但未完成销售商品或提供劳务，需在期末按权责发生制确认本期的收入，并调整以前预收款项时形成的负债。

6. 账证核对是指账簿记录和会计凭证的核对,其核对目的是保证账簿和会计凭证相符。账证核对是将各种账簿(总分类账、明细分类账以及现金和银行存款日记账等)记录与有关会计凭证(记账凭证及其所附的原始凭证)相核对,核对时间、凭证编号、经济业务内容、金额等项目是否一致,记账方法是否相符。这种核对主要在平时编制记账凭证和登账过程中进行,月终出现账证不符,则需要核对账簿记录和有关会计凭证,以保证账证相符。

二、单项选择题

1. A 2. B 3. C 4. B 5. C 6. B 7. C 8. A 9. D 10. B 11. B
12. A 13. D 14. C 15. A 16. C 17. B 18. C

三、多项选择题

1. ABDE 2. BDE 3. AB 4. ABDE 5. ADE 6. ABCE 7. ABC
8. ABCDE 9. AB 10. AC 11. BC 12. ABCE 13. ABD 14. AD
15. BC 16. ABCDE 17. ABCDE 18. BCDE 19. AC

四、判断题

1. √ 2. √ 3. × 4. × 5. √ 6. × 7. × 8. × 9. √ 10. ×
11. √ 12. × 13. √ 14. √ 15. × 16. × 17. × 18. √ 19. ×
20. ×

五、案例分析题

1. 记账人员或会计人员调动工作或因故离职时,应办理账簿交接手续,在交接记录栏内填明交接日期、交接人员和监交人员的姓名,并由交接双方人员签名或盖章。

2. 按照红字冲账的记账凭证,冲销错误的记录;在不设借方栏或贷方栏的多栏式账页中,登记减少数;在三栏式账页的余额栏,如未指明余额借贷方向时,在余额栏内登记负数余额;按照会计制度的规定可以用红字登记的其他记录会计中的红字表示负数。

3.（1）差数法。账户借方余额之和与贷方余额之和作差，借方金额遗漏，会使该金额在贷方超出；贷方金额遗漏，会使该金额在借方超出。对于这样的差错，可通过核对相关金额的记账进行查找。

（2）除2法。当借贷双方合计总额之差能被2整除，差错可能是由于将借方金额错记在贷方（或相反）。

（3）除9法。将期末所有账户的借方余额之和与贷方余额之和做差，再把差数除以9，然后根据商数的特征去查找可能出错的地方。

六、思考题

1. 结账一般是指在会计期末对一定时期内账簿记录所作的结束工作，也称期末结账。结账的主要内容是计算出每个账户的本期发生额和期末余额（没有期末余额的账户除外），并将期末余额结转到下一会计期间的方法。其主要内容包括：将本期新发生的交易或事项全部入账、对应计事项调整入账、结清收入费用账户发生额、计算结转账户的发生额及余额。期末结账具有重要意义，一是可以按照会计分期的要求，通过结账计算企业在会计期末的财务状况和该会计期间的经营成果；二是可以为期末编制会计报表提供必要的数据资料。

2. 总分类账簿是按照总分类账户设置，概括反映企业全部经济业务，提供总括核算指标的账簿。明细分类账簿是按照明细分类账户设置，具体反映企业某项经济业务，提供详细的价值核算指标和实物数量指标的账簿。因此，总分类账簿对明细分类账簿起着统驭和控制作用，明细分类账簿对总分类账簿起着补充说明的作用。总分类账簿和明细分类账簿登记的内容一样，只是详细程度不同。

第八章　成　本　计　算

一、名词解释

1. 会计学上所谓的成本是指企业在生产经营活动中，为达到某一目的所耗费的人力、物力、财力等资源,且所耗资源能够货币量化到某对象上。

2. 费用是获取收入过程中发生的资源耗费,其目的是取得营业收入,因此,费用是与收入相对应的概念,是针对期间而言的某一期间的资源耗费,可能表现为当期的支出,也有可能是以往存量资源的耗费;而成本是对象化的费用,其所针对的是一定的成本计算对象,如 A 产品的成本、甲材料的成本、某设备的成本等。

3. 支出是指在生产经营过程中为获得另一项资产、为清偿债务所发生的资产的流出,企业支出分为偿付性支出和耗费性支出,耗费性支出又包括资本性支出和收益性支出,耗费性支出或迟或早都将转化为费用。

4. 永续盘存制也叫"账面盘存制",就是平时对企业单位各项财产物资分别设立存货明细账,对日常发生的存货增加或减少,根据会计凭证在账簿中连续记载其增减变化并随时结出余额的一种管理制度。在这种方式下,可以随时在账面上查询各项存货的结存数并定期与实际盘存数对比。

5. 实地盘存制又称定期盘存制,是指平时根据有关会计凭证,只登记财产物资的增加数,不登记减少数,月末或一定时期可根据盘点资料,弄清各种财物的实有数额,倒算出本期减少数额,记入有关明细账的一种物资盘存制度。

6. 先进先出法是假定先收到的存货先发出或先耗用,并根据这种假定的存货流转次序对发出存货和期末存货进行计价的一种方法。先进先出法的本身含义是假定先购进的先发出,该法使存货成本接近于购货成本,期末资产总价值较真实。但在通货膨胀条件下,销售成本偏低,使得利润虚增。

7. 全月一次加权平均法是指以当月全部进货数量加上月初存货数量作为权数,去除当月全部进货成本加上月初存货成本,计算出存货的加权平均单位成本,以此为基础计算当月发出存货的成本和期末存货的成本的一种方法。采用这种方法,平时只计算增加,不计算减少,期末一次计算减少数。

8. 移动加权平均法是指以每次进货的成本加上原有库存存货的成本,除以每次进货数量与原有库存存货的数量之和,据以计算加权平均单位成本,以此为基础计算当月发出存货的成本和期末存货的成本的一种方法。

9. 个别计价法又称"个别认定法""具体辨认法""分批实际法",是指假设存货的成本流转与实物流转相一致,按照各种存货,逐一辨认各批发出存货和期末存货所属的购进批别或生产批别,分别按其购入或生产时所确定的单位成本作为计算各批发出存货和期末存货成本的方法。

二、单项选择题

1. B 2. D 3. A 4. B 5. C 6. C 7. C 8. D 9. B 10. C 11. B

三、多项选择题

1. ACDE 2. ABD 3. ABCDE 4. BDE 5. AD 6. ACE 7. AB 8. AC
9. ABC

四、判断题

1. × 2. √ 3. × 4. √ 5. √ 6. × 7. × 8. ×

五、会计核算题

1.（1）编制材料采购成本计算表如下。

材料采购成本计算表

2020年12月   单位:元

成本项目	H材料(8 000千克)		Y材料(4 000千克)		成本合计
	总成本	单位成本	总成本	单位成本	
买价	32 000	4.00	60 000	15.00	92 000
采购费用	600	0.075	600	0.15	1 200
材料采购成本	32 600	4.075	60 600	15.15	93 200

（2）根据所给资料编制记账凭证(或会计分录),注意写出明细科目。

① 付款记账凭证,分录为:

借:在途物资——H材料　　　　　　　　　　　　　　　　　　　　20 000

应交税费——应交增值税(进项税额)　　　　　　　　　　　　2 600

贷:银行存款　　　　　　　　　　　　　　　　　　　　　　　22 600

② 转账记账凭证,分录为:

借:在途物资——Y材料　　　　　　　　　　　　　　　　　　　　　　　　15 000

　　应交税费——应交增值税(进项税额)　　　　　　　　　　　　　　　　1 950

　　　贷:应付账款　　　　　　　　　　　　　　　　　　　　　　　　　　16 950

③ 付款记账凭证,分录为:

借:在途物资——H材料　　　　　　　　　　　　　　　　　　　　　　　　12 000

　　应交税费——应交增值税(进项税额)　　　　　　　　　　　　　　　　1 560

　　　贷:银行存款　　　　　　　　　　　　　　　　　　　　　　　　　　13 560

④ 计算两种材料的运输费用分配率、分配额,并编制分录。

首先,计算两种材料的运输费用分配率。

800÷(1 000+3 000)=0.20(元/千克)

其次,计算两种材料应分配的运输费用。

Y材料:0.20×1 000=200(元)

H材料:0.20×3 000=600(元)

最后,填制付款记账凭证,支付两种材料运输费用的分录为:

借:在途物资——Y材料　　　　　　　　　　　　　　　　　　　　　　　　200

　　　　　——H材料　　　　　　　　　　　　　　　　　　　　　　　　600

　　　贷:银行存款　　　　　　　　　　　　　　　　　　　　　　　　　　800

⑤ 转账记账凭证,分录为:

借:在途物资——Y材料　　　　　　　　　　　　　　　　　　　　　　　　45 400

　　应交税费——应交增值税(进项税额)　　　　　　　　　　　　　　　　5 850

　　　贷:应付票据　　　　　　　　　　　　　　　　　　　　　　　　　　51 250

⑥ 计算两种材料的总成本、单位成本,并编制材料入库分录。

首先,计算两种材料的总成本。

H材料总成本=20 000+12 000+600=32 600(元)

Y材料总成本=15 000+200+45 400=60 600(元)

其次,计算两种材料的单位成本。

H材料单位成本：32 600÷(5 000+3 000)=4.075(元)

Y材料单位成本：60 600÷(1 000+3 000)=15.15(元)

最后,填制转账记账凭证,两种材料验收入库分录为：

借：原材料——H材料　　　　　　　　　　　　　　　　　　　32 600
　　　　——Y材料　　　　　　　　　　　　　　　　　　　　　60 600
　　贷：在途物资——H材料　　　　　　　　　　　　　　　　　32 600
　　　　　　　　——Y材料　　　　　　　　　　　　　　　　　60 600

2. (1) 购入进行安装时：

借：在建工程　　　　　　　　　　　　　　　　　　　　　　　210 000
　　应交税费——应交增值税(进项税额)　　　　　　　　　　　26 000
　　贷：银行存款　　　　　　　　　　　　　　　　　　　　　236 000

(2) 支付安装费时：

借：在建工程　　　　　　　　　　　　　　　　　　　　　　　30 000
　　贷：银行存款　　　　　　　　　　　　　　　　　　　　　30 000

(3) 设备安装完毕交付使用时：

确定的固定资产成本=210 000+30 000=240 000(元)

借：固定资产　　　　　　　　　　　　　　　　　　　　　　　240 000
　　贷：在建工程　　　　　　　　　　　　　　　　　　　　　240 000

3. (1) 先进先出法

发出实际成本=200×300+350×310+150×290=212 000(元)

结存甲材料=250×290=72 500(元)

(2) 月末一次加权平均法

发出存货单位成本=(200×300+350×310+400×290)÷(200+350+400)≈299.47(元)

结存甲材料=发出存货单位成本×(200+350+400−200−500)=74 867.5(元)

发出存货实际成本=(200×300+350×310+400×290)−74 867.5=

209 632.5(元)

(3) 移动平均加权平均法

第一次发出存货单位成本＝(200×300＋350×310)÷(200＋350)≈306.36(元)

第一次发出存货后余额＝306.36×350＝107 226(元)

第一次发出存货成本＝(200×300＋350×310)－107 226＝61 274(元)

第二次发出存货单位成本＝(107 226＋400×290)÷(400＋350)＝297.63(元)

结存甲材料＝250×297.63＝74 407.50(元)

第二次发出存货成本＝(107 226＋400×290)－74 407.50＝148 818.50(元)

发出存货成本＝61 274＋148 818.50＝210 092.50(元)

六、案例分析题

这样的做法是错误的。根据《中华人民共和国会计法》第十八条"各单位采用的会计处理方法，前后各期应当一致，不得随意变更；确有必要变更的，应当按照国家统一的会计制度的规定变更，并将变更的原因、情况及影响在财务会计报告中说明"，第二十六条"公司、企业进行会计核算不得有下列行为：(三)随意改变费用、成本的确认标准或者计量方法，虚列、多列、不列或者少列费用、成本"之规定，企业关于存货的计价方法一经确定后，即应当按照该方法对存货的收、发、余等事项进行核算，而且不得随意变更。若确实需要变更的，应当依照法定程序处理。

而根据《中华人民共和国税收征收管理法实施细则》第二十四条"从事生产、经营的纳税人应当自领取税务登记证件之日起15日内，将其财务、会计制度或者财务、会计处理办法报送主管税务机关备案"，以及《企业所得税税前扣除办法》第十二条 "纳税人的成本计算方法、间接成本分配方法、存货计价方法一经确定，不得随意改变，如确需改变的，应在下一纳税年度开始前报主管税务机关批准。否则，对应纳税所得额造成影响的，税务机关有权调整"之规定，纳税人的存货计价办法需要在税务机关备案，并且纳税人报送备案的存货计价方法不得任意改变，即使纳税人确实因客观情况的变化，需要改变存货计价办法的，也应当在下一纳税年度开始之前报税务机关批准,然后在下一纳税年度再按税务机关的决定加以改变,在本纳税年度内则不得改变。

七、思考题

1. 在会计实务中,确定财产物资增加、减少及结存数额的方法,被称为盘存制度或盘存法。通常,确认存货数量的方法有两种:永续盘存制和实地盘存制。

各自的优点:采用永续盘存制加强了对存货的管理和控制。在存货明细账中,可以随时反映出每种存货的收入、发出和结存情况,并从数量和金额两方面进行控制。明细账的结存数量,可以与通过盘点获得的实存数量进行核对。当发生库存溢余或短缺,可以查明原因,并及时纠正。此外,存货明细账上的结存数,还可以随时与预定的最高和最低库存限额进行比较,取得库存积压或不足的资料,以便及时组织库存品的购销或处理,加速资金周转。而实地盘存制的优点是核算工作比较简单,工作量较小。

各自的缺点:相对于实地盘存制而言,永续盘存制下存货明细账的会计核算工作量较大,尤其是月末一次结转销售成本或耗用成本时,存货结存成本及销售或耗用成本的计算工作比较集中;采用这种方法需要将财产清查的结果同账面结存进行核对,在账实不符的情况下还需要对账面记录进行调整。而实地盘存制的缺点是不能通过账簿随时反映和监督各项财产物资的收、发、结存情况。比如,仓库多发或少发、物资毁损、盗窃、丢失等情况,在账面上均无反映,而全部隐藏在本期的发出数内,不利于存货的管理控制,也不利于监督检查。

2. 通常,成本计算内容既包含对资产及产品成本的计算,又包含对负债和所有者权益成本的计算。

(1) 资产取得成本的计算。资产作为会计六大要素之首,其成本核算的实质是如何正确计量资产。其中,首先是资产的取得成本。在历史成本法下,用货币作为计量尺度,对无论是外购的还是自制的资产,度量其在投入使用之前支出的全部耗费。

（2）耗费资产成本的计算。企业运用所拥有的资产进行各种生产经营活动从而产生价值增值。在这个过程中，资产不断被耗费，资产便以各种形式转化成费用，去抵减收益。因此，要正确计算出企业每个会计期间的利润，就必须计算出耗费资产的成本。

（3）负债和所有者权益成本的计算。企业获取资金，无论其来源渠道，均需要花费代价，这就是资金成本。比如，向银行借款应该支付利息；筹集股东资金就应向投资者分红；即使是看起来无需支付利息的无息负债，也存在隐性成本问题，如长期拖欠员工工资，企业的信誉就会遭受损失，虽然这种损失在会计上不予计量。

（4）产品生产成本的计算。产品生产成本的计算是成本计算最主要的内容，包含了在生产过程中所消耗的直接材料（原材料、辅助材料、备品备件、燃料及动力等）、直接人工（生产人员的工资、补贴）、其他直接生产支出和制造费用的货币表现。

3. 从成本计算的发展历史来看，正确计算企业资产、负债和所有者权益的成本，对企业的成本控制起着非常重要的作用。具体表现如下：

（1）真实反映企业财务状况的基础。有用的财务会计信息是反映一个企业真实的经济信息。通过成本计算，可以如实地反映企业生产经营过程中各种耗费，正确地表现企业资产的价值和成本费用，从而计算出企业的经营收益。

（2）确定耗费补偿尺度的重要方法。通过成本计算，可以掌握产品的实际成本，确定生产耗费的补偿尺度，可以估计企业的合理利润，便于企业制定产品的销售价格、削价政策和竞争策略。

（3）企业进行决策的重要依据。通过成本计算，可以完善企业的成本预测、计划、分析、考核等工作，加强成本控制；成本计算也能够对企业的成本决策和经营决策产生重大影响，反映和监督各项消耗定额及成本计划的执行情况，从而控制生产过程中人力、物力和财力的耗费，做到增产节约、增收节支。此外，利用成本计算可以展开对比分析，查明企业生产经营中的优势和存在的问题，便于采取措施,改善经营管理,促进企业降低产品成本。

4. 用购买方式来取得资产,是企业取得资产的一种主要方式。企业外购材料的取得成本是指从外部购入原材料等所实际发生的全部支出,包括购入材料支付的买价和采购费用(如材料购入过程中的运输费、装卸费、保险费,运输途中的合理损耗,入库前的整理挑选费等)。其构成公式为:

$$外购材料的取得成本 = 买价 + 附带成本$$

其中:买价指供应单位所开发票上填列的货款;附带成本指运杂费、定额内的途中损耗、入库前的整理挑选费等。

企业在购进材料时,供应单位所开发票中都会列明各种材料的买价(包括单价和数量)。通常,材料的买价能够直接确定为某一成本计算对象的费用,会计上称为直接费用。直接费用是可以直接计入该种材料的取得成本。但采购中的附带成本,有些属于直接费用,有些属于间接费用。直接费用同买价一样,可以直接列入该种材料的取得成本;间接费用不能直接确定为某一成本计算对象的费用,应采用一定的方法分配计入某种材料的取得成本。

5. 发出存货计价方法比较表如下所示。

发出存货计价方法比较表

存货计价方法	假设前提	具体计算过程	优点	缺点
先进先出法	先购进的存货先发出	按先进先出的假定流转顺序来确定发出存货的成本及期末结存存货的成本	可以随时结转存货发出成本	较繁琐,如果存货收发业务较多、且存货单价不稳定时,其工作量较大
月末一次加权平均法		存货单位成本=(月初库存存货成本+本月进货实际成本)÷(月初库存存货数量+本月进货数量之和) 本月发出存货成本=本月发出存货数量×存货单位成本 本月月末库存存货成本=月末库存存货数量×存货单位成本	简化成本计算工作	平时无法从账簿中查询存货的收发及结存金额,需到月末才能计算出相应的结果,不利于存货成本日常管理与控制

(续表)

存货计价方法	假设前提	具体计算过程	优点	缺点
移动加权平均法		存货单位成本＝(原有库存存货实际成本＋本次进货实际成本)÷(原有库存存货数量＋本次进货数量) 本次发出存货成本＝本次发出存货数量×本次发货前存货单位成本 本月月末库存存货成本＝月末库存存货数量×本月月末存货单位成本	可随时从账簿中查询存货的收发及结存金额	工作量大
个别计价法	实物流转与成本流转一致	按照各种存货逐一辨认各批发出存货和期末存货所属的购进批别或生产批别,分别按其购入或生产时确定的单位成本计算各批发出存货和期末存货成本	计算准确	工作量大,不适用于所有企业

第九章 财产清查

一、名词解释

1. 财产清查是指根据会计账簿记录,对企业的各项财产进行盘点与核对,以确定各项财产物资、货币资金、债权债务的实有数与账存数是否相符,并适当进行处理的一种专门方法。

2. 全面清查是指对企业所有的财产物资进行全面盘点与核对。

3. 局部清查是根据经营管理的需要或依据有关规定,对企业的一部分财产物资进行盘点与核对。

4. 定期清查是指按照预定的时间,对货币资金、财产物资、往来款项所进行的清查,以确保账实相符,会计资料真实可靠。

5. 不定期清查也称为临时清查,是指事先不计划清查日期,而是根据实际工作需要进行临时性财产清查,以保护财产物资的安全完整。不定期清查可以是全面清查,也可以是局部清查。

6. 外部清查是指由企业外部有关部门根据国家相关法规制度的规定,对本企业所进行的财产清查。

7. 内部清查也称为自查,是指由企业自行组织清查工作小组所进行的财产清查。

8. 实地盘点法是指在存货堆放现场逐一清点数量或使用计量器具确定其实存数的方法。其适用范围广泛,操作要求严格,结果准确可靠,但工作量大,适用于可以逐一点数、量尺、过磅的存货清查。

9. 技术推算法是指利用一定的技术方法,如量方、计尺等推算出存货实存数的方法,适用于大量成堆,难以逐一清点、量尺、过磅的存货清查。

10. 抽样盘点法是指从总体中选取所需要的个体,再通过盘点个体的数量,推断出总体数量的方法,具体又分为随机抽样、机械抽样、分层抽样等类型,适用于价值小、数量多、重量均匀且不便于逐一清点的存货清查。

11. 函证核对法是指通过向其他单位发函或派人调查获取数据,并与本企业的存货账存数、往来款项账面记录相核对,以此确定存货实存数、往来款项实际余额的方法,适用于委托外单位加工、保管的存货,出租、在途存货,企业各类往来款项等的清查。

12. 未达账项是指在企业和开户银行之间,对于同一款项的收付业务,由于记账时间不一致,发生一方已入账,而另一方尚未入账的会计事项。

13. "待处理财产损溢"账户核算财产清查过程中查明的各项实物资产的盘盈、盘亏、毁损及其经批准后的转销处理情况。"待处理财产损溢"属于资产类账户,但从其核算的内容(盘盈与盘亏)来看,又具有双重性质。该账户的借方登记发生的待处理财产物资盘亏和毁损金额,以及经批准后转销的财产物资盘盈金额;贷方登记发生的待处理财产物资盘盈金额,以及经批准后转销的财产物资盘亏和毁损金额。处理前如出现借方余额,表示尚未批准处理的待处理财产物资净损失;如出现贷方余额,表示尚未批准处理的待处理财产物资净溢余。期末批准处理后该账户无余额。

二、单项选择题

1. A 2. D 3. B 4. B 5. B 6. D 7. B 8. B 9. B 10. C 11. D 12. C
13. C 14. B 15. C 16. D 17. B 18. B 19. D 20. A 21. B 22. C
23. B 24. C 25. C 26. B 27. C 28. C 29. D 30. A 31. D

三、多项选择题

1. BC 2. ABC 3. CE 4. CDE 5. AB 6. ACD 7. BD 8. ABCDE
9. ABE 10. CDE 11. ABCD 12. ABCD 13. BC 14. ABCD 15. ABCDE
16. ABE 17. CE 18. ABCDE 19. AC 20. ADE 21. CDE 22. AD
23. ACD 24. BDE 25. ABCD 26. ADE 27. ACE 28. ABCDE 29. AE
30. AD 31. DE 32. BC 33. BC

四、判断题

1. × 2. √ 3. √ 4. √ 5. × 6. √ 7. √ 8. √ 9. √ 10. √
11. × 12. × 13. × 14. × 15. × 16. × 17. × 18. × 19. ×
20. √ 21. × 22. × 23. × 24. × 25. × 26. √ 27. √ 28. ×
29. × 30. × 31. × 32. √ 33. √ 34. √ 35. √ 36. √ 37. √
38. √ 39. √ 40. × 41. √ 42. × 43. ×

五、会计核算题

1. 银行存款余额调节表如下所示。

银行存款余额调节表　　　　　　　　　　　　　　　　　　单位：元

项目	金额	项目	金额
企业的银行存款账面余额	445 000	银行对账单存款余额	464 000
加：银行已收企业未收入账款项	34 000	加：企业已收银行未收入账款项	30 000
减：银行已付企业未付入账款项	10 000	减：企业已付银行未付入账款项	25 000
调节后的存款余额	469 000	调节后的存款余额	469 000

或

银行存款余额调节表 单位：元

项目	金额	项目	金额
企业的银行存款账面余额	445 000	银行对账单存款余额	464 000
加：企业已付银行未付入账款项	25 000	加：银行已付企业未付入账款项	10 000
减：企业已收银行未收入账款项	30 000	减：银行已收企业未收入账款项	34 000
调节后的存款余额	440 000	调节后的存款余额	440 000

2.（1）借：库存现金　　　　　　　　　　　　　　　　　　　300
　　　　　贷：待处理财产损溢——待处理流动资产损溢　　　　300
　　　借：待处理财产损溢——待处理流动资产损溢　　　　　300
　　　　　贷：营业外收入　　　　　　　　　　　　　　　　300

（2）借：待处理财产损溢——待处理流动资产损溢　　　　　150
　　　　　贷：库存现金　　　　　　　　　　　　　　　　　150
　　　借：管理费用　　　　　　　　　　　　　　　　　　　150
　　　　　贷：待处理财产损溢——待处理流动资产损溢　　　150

（3）借：待处理财产损溢——待处理流动资产损溢　　　　4 600
　　　　　贷：原材料——A材料　　　　　　　　　　　　4 600
　　　借：其他应收款　　　　　　　　　　　　　　　　　　300
　　　　　管理费用　　　　　　　　　　　　　　　　　　　500
　　　　　营业外支出　　　　　　　　　　　　　　　　　3 800
　　　　　贷：待处理财产损溢——待处理流动资产损溢　　4 600

（4）借：原材料——B材料　　　　　　　　　　　　　　　900
　　　　　贷：待处理财产损溢——待处理流动资产损溢　　　900
　　　借：待处理财产损溢——待处理流动资产损溢　　　　　900
　　　　　贷：管理费用　　　　　　　　　　　　　　　　　900

（5）借：待处理财产损溢——待处理固定资产损溢　　　　20 000
　　　　　累计折旧　　　　　　　　　　　　　　　　　50 000
　　　　　贷：固定资产　　　　　　　　　　　　　　　70 000
　　　借：其他应收款——责任人　　　　　　　　　　　2 000
　　　　　　　　　　——保险公司　　　　　　　　　12 000
　　　　　营业外支出　　　　　　　　　　　　　　　　6 000
　　　　　贷：待处理财产损溢——待处理固定资产损溢　20 000

（6）借：固定资产　　　　　　　　　　　　　　　　　　　　　60 000
　　　　贷：累计折旧　　　　　　　　　　　　　　　　　　　24 000
　　　　　　以前年度损益调整　　　　　　　　　　　　　　36 000
　　　借：以前年度损益调整　　　　　　　　　　　　　　　　36 000
　　　　贷：利润分配——未分配利润　　　　　　　　　　　36 000

六、思考题

1. 财产清查是发挥会计监督职能的必要手段，是会计法规的基本要求。其作用主要表现为以下几个方面：

（1）保证会计核算资料的真实可靠。通过财产清查，可以查明各项财产物资有无溢余或短缺，确定各项财产物资的实存数，并与账存数相核对，确认两者是否一致。在此基础上明确盘盈、盘亏、毁损的原因与责任。如果账簿记录的内容与实际的财产物资相符合，说明会计核算资料真实可靠；如果账实不符，应按照要求进行处理。

（2）保护各项财产物资的安全完整。通过财产清查，可以查明各项财产物资的保管情况，有无因内部控制问题导致的财产物资短缺、呆滞积压、以次充好、霉烂变质、损失浪费、贪污盗窃等情况。对于存在的问题，一经发现要及时进行处理，并深入分析问题产生的具体原因，采取措施以加强管理。

（3）挖掘财产物资的潜力，加速资金周转。通过财产清查，可以查明各项财产物资的储备和有效利用情况。

（4）监督财经法规和财经纪律的执行。通过财产清查，可以查明货币资金的收、付是否严格遵守财经纪律和结算制度，往来款项是否符合财经纪律和结算制度的规定，有无不合法的债权债务，有无坐支、白条抵库、贪污盗窃、挪用公款等非法行为。

2. 财产清查的内容包括：各种资产（如流动资产、固定资产、无形资产等）的清查；债务的清查；产权的清查等。

3. 财产清查的一般程序包括以下几方面：

（1）成立清查小组。在清查之前，应在企业负责人和总会计师的领导下，成立由财会部门牵头,设备、技术、生产、行政及其他各有关部门参加的财产清查小组,具体负责财产清查的领导和组织工作。

(2) 制订清查计划。根据管理制度或有关部门的要求,拟定财产清查工作计划,确定财产清查的对象、范围、时间和方法,落实清查的人员分工和详细步骤。

(3) 进行清查准备。①会计部门和会计人员在财产清查之前,要将发生的所有经济业务全部登记入账,并结出余额,核对无误,做到账簿记录完整准确、账证相符、账账相符,为财产清查提供可靠的书面资料。②财产物资保管部门要将清查截止时点的所有经济业务办理好凭证手续,登记入账并结算出余额。对各种财产物资整理排列整齐,张贴标签,标明品种、规格和结存数量,以便盘点核对。③财产清查小组及有关部门在清查之前,准备好测量工具和清查用的各种表、册。计量器具与仪器要完好,并进行严格检查与校正,保证计量准确。④清查登记使用的各种表格,如"盘存单""实存账存对比表"等要预先填列好各项财产物资的编号、名称、存放地点等。

(4) 实施清查工作。按照清查计划确定的方法与步骤进行财产清查,清查时应按照先清查数量,后认定质量的原则进行,并根据实际情况调整工作进度。根据清点结果填写"盘存单",对财产清查中出现的问题及时研究、解决。

(5) 撰写清查报告。财产清查工作结束之后,根据财产清查结果,分析账实不符的原因,提出处理意见和建议,以书面形式报告给上级或有关部门审批处理,并做好清查收尾工作。

4. 财产清查的方法主要包括:货币资金中的库存现金可以采用实地盘点法;银行存款可以采用核对法(企业的银行存款日记账与银行对账单核对);存货可以采用实地盘点法、技术推算法、抽样盘点法与函证核对法;固定资产开采用实地盘点法;往来款项可采用函证核对法等。

5. 银行存款清查以企业的银行存款日记账与开户银行出具的银行对账单进行账目核对的方法进行。企业在同银行核对账目之前,首先应检查本单位银行存款日记账的正确性和完整性,然后与银行出具的对账单逐笔勾对,以保证两者完全相符。尽管对于每一笔银行存款的收、支业务,企业和银行已分别在银行存款日记账与银行对账单上逐日逐笔进行顺序登记,但双方余额往往也会出现不一致的情况,究其原因:一是某一方或双方出现了记账错误,如错记、漏记、重记、串户等,属于企业差错的,由企业自行调整,属于银行对账单差错的,由银行检查更正;二是产生了未达账项,对于未达账项,企业应填制"未达账项登记表",再编制"银行存款余额调节表",将企业银行存款日记账余额和银行对账单余额调节为消除未达账项影响之后的余额,然后验证调节后的余额是否相等。如果相等,一般表明双方记账正确,否则,说明某一方或双方的账簿记录有错误,应及时查明错账原因并予以更正。

6. 未达账项是指在企业和开户银行之间,对于同一款项的收付业务,由于记账时间不一致,发生一方已入账,而另一方尚未入账的会计事项。

企业与银行之间的未达账项,通常包括以下四种情况:

(1) 企业送存银行的款项,企业已作银行存款的增加入账,但银行尚未入账;

(2) 企业开出支票从银行支出款项,企业已作银行存款的减少入账,但银行尚未入账;

(3) 银行代企业收进的款项,银行已作企业存款的增加入账,但企业尚未入账;

(4) 银行代企业支付的款项,银行已作企业存款的减少入账,但企业尚未入账。

第十章 账务处理程序

一、名词解释

1. 账务处理程序又称为会计核算组织程序或会计核算形式,是指会计数据的记录、归类、汇总、呈报的步骤和方法,即从原始凭证的整理、汇总,记账凭证的填制、汇总,日记账、明细分类账、总分类账的登记,到财务报表编制的步骤和方法。

2. 记账凭证账务处理程序是指对所发生的经济业务,都要以原始凭证或原始凭证汇总表编制记账凭证,根据记账凭证逐笔登记总分类账,并定期编制财务报表的一种账务处理程序。

3. 科目汇总表账务处理程序又称为记账凭证汇总表账务处理程序,它是指对发生的经济业务,根据原始凭证或原始凭证汇总表编制记账凭证,根据记账凭证定期编制科目汇总表并据以登记总分类账的一种账务处理程序,它是在记账凭证账务处理程序的基础上演变而来的一种账务处理程序。

4. 汇总记账凭证账务处理程序是指对发生的经济业务,都要根据原始凭证或原始凭证汇总表填制记账凭证,再根据记账凭证编制汇总记账凭证,然后根据汇总记账凭证登记总分类账的一种账务处理程序。

5. 日记总账账务处理程序是指根据记账凭证逐笔登记日记总账的一种账务处理程序。

6. 多栏式日记账账务处理程序是指对发生的经济业务,都要根据原始凭证或原始凭证汇总表填制记账凭证,再根据记账凭证登记多栏式现金日记账和多栏式银行存款日记账,然后根据多栏式日记账登记总分类账的一种账务处理程序。

二、单项选择题

1. C 2. B 3. A 4. C 5. A 6. A 7. C 8. B 9. B 10. D 11. B 12. B 13. A 14. D 15. A 16. D 17. C

三、多项选择题

1. ABCD 2. ABCDE 3. DE 4. ABCDE 5. ABCD 6. ABC 7. BCD 8. CDE 9. AC 10. ABCDE 11. ABCD 12. ABCDE 13. BCE 14. ABCE

四、判断题

1. √ 2. × 3. × 4. × 5. √ 6. √ 7. √ 8. √ 9. × 10. √ 11. √ 12. √ 13. × 14. √ 15. ×

五、会计核算题

1. A公司20××年10月有关业务的会计分录如下：

(1) 借：库存现金 5 000
　　贷：银行存款 5 000

(2) 借：原材料 40 000
　　　应交税费——应交增值税（进项税额） 5 200
　　贷：预付账款 5 000
　　　　银行存款 40 200

(3) 借：银行存款 316 400
　　贷：主营业务收入 280 000
　　　　应交税费——应交增值税（销项税额） 36 400

(4) 借：应付账款 50 000
　　贷：银行存款 50 000

(5) 借：应交税费 2 000
　　贷：银行存款 2 000

(6) 借：管理费用 10 000
　　　库存现金 3 000
　　贷：其他应收款 13 000

(7) 借：应付职工薪酬 78 000
　　贷：银行存款 78 000

(8) 借：预收账款 4 200
　　　应收账款 86 200
　　贷：主营业务收入 80 000
　　　　应交税费——应交增值税（销项税额） 10 400

(9) 借：制造费用 2 500
　　　管理费用 1 000
　　贷：库存现金 3 500

(10) 借：原材料 100 000
　　　应交税费——应交增值税（进项税额） 13 000
　　贷：应付账款 113 000

（11）借：管理费用 800
　　　　贷：库存现金 800

（12）借：财务费用 150
　　　　贷：应付利息 150

（13）借：制造费用 5 000
　　　　　管理费用 2 000
　　　　　销售费用 1 000
　　　　贷：累计折旧 8 000

（14）借：生产成本 55 000
　　　　　制造费用 1 000
　　　　贷：原材料 56 000

（15）借：生产成本 30 000
　　　　　制造费用 12 000
　　　　　管理费用 20 000
　　　　　销售费用 13 000
　　　　贷：应付职工薪酬 75 000

（16）制造费用＝2 500＋5 000＋1 000＋12 000＝20 500（元）

借：生产成本 20 500
　　贷：制造费用 20 500
借：库存商品 80 000
　　贷：生产成本 80 000

（17）借：主营业务成本 169 000
　　　　贷：库存商品 169 000

（18）借：主营业务收入 360 000
　　　　贷：本年利润 360 000
　　　借：本年利润 216 950
　　　　贷：主营业务成本 169 000
　　　　　　管理费用 33 800
　　　　　　销售费用 14 000
　　　　　　财务费用 150

A公司10月利润总额＝360 000－216 950＝143 050(元)

(19) 所得税费用＝143 050×25％＝35 762.5(元)

借：所得税费用　　　　　　　　　　　　　　　　　　　　　　　35 762.5
　　贷：应交税费　　　　　　　　　　　　　　　　　　　　　　　　　35 762.5
借：本年利润　　　　　　　　　　　　　　　　　　　　　　　　　35 762.5
　　贷：所得税费用　　　　　　　　　　　　　　　　　　　　　　　　35 762.5

(20) A公司10月净利润＝143 050－35 762.5＝107 287.5(元)

借：本年利润　　　　　　　　　　　　　　　　　　　　　　　　　107 287.5
　　贷：利润分配　　　　　　　　　　　　　　　　　　　　　　　　　107 287.5

2. 根据记账凭证账务处理程序，登记A公司2×21年10月有关账户的总分类账如下：

借方	库存现金		贷方
期初余额	2 000		
(1)	5 000	(9)	3 500
(6)	3 000	(11)	800
期末余额	5 700		

借方	银行存款		贷方
期初余额	50 000		
		(1)	5 000
		(2)	40 200
		(4)	50 000
		(5)	2 000
(3)	316 400	(7)	78 000
期末余额	191 200		

借方	应收账款		贷方
期初余额	28 000		
(8)	86 200		
期末余额	114 200		

借方	预付账款		贷方
期初余额	5 000		
		(2)	5 000
期末余额	0		

借方	其他应收账款		贷方
期初余额	13 000		
		(8)	13 000
期末余额	0		

借方	原材料		贷方
期初余额	83 000		
(2)	40 000		
(10)	100 000	(14)	56 000
期末余额	167 000		

借方	生产成本		贷方
期初余额	35 000		
(14)	55 000		
(15)	30 000		
(16)	20 500	(16)	80 000
期末余额	60 500		

借方	制造费用		贷方
(1)	2 500		
(13)	5 000		
(14)	1 000		
(15)	12 000	(16)	20 500
期末余额	0		

借方	库存商品		贷方
期初余额	120 000		
(16)	80 000	(17)	169 000
期末余额	31 000		

借方	固定资产		贷方
期初余额	380 000		

借方		累计折旧	贷方
		期初余额	90 000
		(13)	8 000
		期末余额	98 000

借方		短期借款	贷方
		期初余额	30 000

借方		应付账款	贷方
		期初余额	50 000
(4)	50 000	(10)	113 000
		期末余额	113 000

借方		预收账款	贷方
		期初余额	4 200
(8)	4 200		
		期末余额	0

借方		应交税费	贷方
		期初余额	2 000
(2)	5 200	(3)	36 400
(5)	2 000	(8)	10 400
(10)	13 000	(19)	35 762.5
		期末余额	64 362.5

借方		应付职工薪酬	贷方
		期初余额	78 000
	78 000	(15)	75 000
		期末余额	75 000

借方		应付利息	贷方
		(12)	150

借方		实收资本	贷方
		期初余额	361 600

借方		资本公积	贷方
		期初余额	90 000

借方		本年利润	贷方	
(18)	216 950	(18)		360 000
(19)	35 762.5			
(20)	107 287.5			
		期末余额		0

借方		利润分配	贷方	
		期初余额		10 200
		(20)		107 287.5
		期末余额		117 487.5

借方		主营业务收入	贷方	
		(3)		280 000
(18)	360 000	(8)		80 000
		期末余额		0

借方		主营业务成本	贷方	
(17)	169 000	(18)		169 000
		期末余额		0

借方		管理费用	贷方	
(6)	10 000			
(9)	1 000			
(11)	800			
(13)	2 000			
(15)	20 000	(18)		33 800
		期末余额		0

借方		财务费用	贷方	
(12)	150	(18)		150
		期末余额		0

借方		销售费用	贷方	
(13)	1 000			
(15)	13 000	(18)		14 000
		期末余额		0

借方		所得税费用	贷方	
(19)	35 762.5	(19)		35 762.5
		期末余额		0

六、案例分析题

1. 根据小王登记总分类账的依据可知,小王采用的是汇总记账凭证账务处理程序。其存在的问题主要在于:①汇总记账凭证财务处理程序下,现金日记账和银行存款日记账通常设置为三栏式;②各种账务处理程序下,明细账的登记并不强调必须逐日逐笔的登记,可根据需要进行。

2. 不合理。因为尽管B公司属于规模较大、业务量较多的企业,但其对财务工作分工较宽泛,且收付款业务不频繁,采用汇总记账凭证账务处理程序不利于会计核算的日常分工,在转账凭证较多的情况下,汇总转账凭证的编制会消耗大量的人力物力。

3. 根据资料信息,B公司采用科目汇总表账务处理程序更为合适。B公司2×21年5月总分类账的登记依据为科目汇总表。(注:调整了下面表格的格式)

科目汇总表

2×21年5月31日　　　　　　　　　　　　　　　　　汇字第1号

会计科目	账页	本期发生额		记账凭证起讫号数
		借方	贷方	
库存现金	略	7 000		略
银行存款		677 800		
应收账款		565 000		
预付账款		0		
原材料		11 000		
生产成本		87 000		
制造费用		2 000		
固定资产		300 000		
应付账款			339 000	
应交税费			19 000	
实收资本			800 000	
主营业务收入			500 000	
管理费用		1 000		
销售费用		1 200		
所得税费用		6 000		
合计		1 658 000	1 658 000	

七、思考题

答案略。

第十一章 财务会计报告

一、名词解释

1. 财务会计报告是会计主体对外提供的反映其某一特定日期财务状况和一定期间经营成果以及现金流量等企业重要信息的书面文件。企业的财务会计报告是企业会计核算的最终工作成果,是企业对外提供财务会计信息的主要形式。

2. 综合收益是企业在某一期间内除与所有者以其所有者身份进行的交易之外的其他交易或事项所引起的所有者权益的变化额,它包括净利润和其他综合收益。

3. 现金等价物是指企业持有的期限短、流动性强、易于转换为已知金额的现金、价值变动风险很小的投资。通常指购买在3个月或更短时间内即到期或可转换为现金的投资。

4. 财务报表附注是为了便于财务报表使用者理解财务报表的内容而对财务报表的编制基础、编制依据、编制原则和方法及主要项目等所作的解释。它是对财务报表的补充说明,是财务会计报告体系的重要组成部分。

二、单项选择题

1. A 2. B 3. C 4. C 5. C 6. D 7. D 8. D 9. C 10. B 11. D 12. A 13. D

三、多项选择题

1. ABC 2. ABCD 3. ABCD 4. ABC 5. ABC 6. ABCD 7. ABCD

8. ABC 9. ABC 10. ABC 11. BCD 12. ACD 13. ABD

四、判断题

1. √ 2. × 3. × 4. × 5. × 6. √ 7. √ 8. × 9. × 10. ×
11. ×

五、会计核算题

根据资料编制的资产负债表如下表所示。

资产负债表

编制单位：四川成龙有限公司　　　　2×21年10月31日　　　　　　　　　单位：元

资产	年初余额	期末余额	负债和所有者权益（或股东权益）	年初余额	期末余额
流动资产：			流动负债：		
货币资金		1 979 600	短期借款		750 000
交易性金融资产			交易性金融负债		
衍生金融资产			衍生金融负债		
应收票据			应付票据		
应收账款		125 500	应付账款		60 000
预付款项		76 143	预收款项		116 000
其他应收款		600	合同负债		
存货		2 844 430	应付职工薪酬		15 050
合同资产			应交税费		3 685
持有待售资产			其他应付款		35 250
一年内到期的非流动资产			持有待售负债		
其他流动资产			一年内到期的非流动负债		
流动资产合计		5 151 773	其他流动负债		
非流动资产：			流动负债合计		1 729 985
债权投资			非流动负债：		
其他债权投资			长期借款		1 261 500
长期应收款			应付债券		
长期股权投资		201 266	其中：优先股		
其他权益工具投资			永续债		

(续表)

资产	年初余额	期末余额	负债和所有者权益（或股东权益）	年初余额	期末余额
其他非流动金融资产			长期应付款		
工程物资			预计负债		
固定资产		738 769	递延收益		
在建工程		101 174	递延所得税负债		
生产性生物资产			其他非流动负债		
资产			非流动负债合计		1 261 500
无形资产		56 000	负债合计		2 991 485
开发支出			所有者权益（或股东权益）		
商誉			实收资本（或股本）		2 500 000
长期待摊费用			其他权益工具		
递延所得税资产			其中：优先股		
其他非流动资产			永续债		
非流动资产合计		1 097 209	资本公积		117 850
			减：库存股		
			其他综合收益		
			盈余公积		150 843
			未分配利润		533 804
			所有者权益（或股东权益）合计		3 257 497
资产总计		6 248 982	负债和所有者权益（或股东权益）合计		6 248 982

六、案例分析题

1.（1）不符合会计准则，会扭曲公司的财务状况和经营业绩。

（2）会计环境因素方面的影响是比较大的。上市公司面临股东、股价波动、经营困难的巨大压力，在改变上述环境条件无能为力的情况下，选择包装财务报告就是其主要的选择了。特定的政策，如上市的条件、配股的条件、贷款的条件等，为达到这些条件要求会计人员在编制会计报告时反复测算，如果达不到，又相差不多的话，会计利润操纵便成为必然，因此上述环境决定了一些会计动机。经济环境与会计确认基础的选择：一定的经济环境，要求有与之相适应的会计方法，而会计方法的不同,首先体现在会计确认的基础上,当经济环境变化时会计确认的基础也应作相应的变更。

2.(1)"从业资格"和"职员"作为无形资产和人力资本,具备资产的各要素,应该属于企业资产的一部分,但是由于计量等方面的原因,会计准则并未允许它们作为资产。

(2)符合资产的概念。

(3)除了会计报表反映的资产、负债情况外,还应该考虑其"从业资格"和"职员"。

七、思考题

1. 编制财务会计报告使报告的阅读者能够从整体和全局上清晰地了解企业的相关信息。

(1)财务信息是政府部门制定宏观经济管理政策、产业政策和经济决策的重要信息来源,是进行经济宏观调控的依据。

(2)有助于投资者、债权人和潜在投资者了解企业的经营业绩,全面认识企业的财务状况和经营成果,对不同企业的经营业绩、财务实力进行比较分析,以确定其投资和贷款方向,减少投资风险,促进有限的社会资源得到合理分配。

(3)有利于企业的经营管理人员掌握本单位经济活动、财务收支和财务成果的全部情况,分析本单位在经营活动中的优势,查明问题存在的原因,不断改进经营管理工作,以便正确地进行经营理财决策,提高经济效益。

(4)有利于企业的其他利益相关者,如客户、供应商、企业所在社区、企业员工等,都可以通过财务会计报告,了解企业的经营业绩,全面认识企业的财务状况和经营成果,促进企业健康发展。

2. 相关性原则、完整性原则、可理解性原则。

3. 第一层次,计算营业利润,即:营业利润＝营业收入－营业成本－营业税金及附加－销售费用－管理费用－财务费用－资产减值损失＋公允价值变动收益＋投资收益。

第二层次,计算利润总额,即:利润总额＝营业利润＋营业外收入－营业外支出。

第三层次，计算净利润，即：净利润＝利润总额－所得税费用。

4. 经营活动产生的现金流量、投资活动产生的现金流量、筹资活动产生的现金流量。

第十二章　会计工作组织

一、名词解释

1. 从广义上来讲，凡是与组织会计工作有关的一切事项都可以包括在会计工作组织之内。从狭义上来说，会计工作组织就是根据会计工作的特点，设置会计核算机构，配备与教育会计人员，制定、执行会计法规制度，保管会计档案，以保证会计工作合理、有效地进行。为保证会计工作正常、高效运行，企事业单位必须科学地组织会计工作。

2. 会计机构是执行会计制度，负责组织、领导和处理会计工作的职能部门。建立、健全会计机构是保证会计工作顺利进行的重要条件，是落实《会计法》有关规定的需要，是履行会计职能、完成会计任务的需要，是加强会计工作、保证会计工作顺利进行的重要条件。

3. 会计机构的岗位责任制也称会计人员岗位责任制，是指在一个会计机构内部，按照会计工作的内容和会计人员配备情况，对会计工作进行具体合理的分工，明确各岗位的职责及经济责任。其主要内容包括：会计人员工作岗位设置；各会计工作岗位的职责和标准；各会计工作岗位的人员和具体分工会计工作岗位轮换办法；对会计工作岗位的考核办法。因此，各企业应本着有利于加强会计工作程序化、规范化，提高工作效率和质量，以及有利于明确职责、严明纪律、考核干部的要求，建立、健全会计机构岗位责任制。

4. 会计监督体系是指有若干个具有履行会计监督职能的组织机构相互联系、相互依赖、相互制约而构成的一个有机整体，包括企业内部会计监督制度进行的单位内部监督、通过注册会计师进行的社会监督和以财政部门为主的国家监督。三位一体的会计监督体系可满足新形势发展的要求。

5. 会计人员是指从事会计工作、处理会计业务、完成会计任务的专业人员。企业设置会计机构后,应根据实际需要配备一定数量的会计人员,这是做好会计工作的决定性因素。

6. 会计人员的职责是指会计人员在自己的岗位上应尽的职务与责任,概括起来就是及时提供真实可靠的会计信息,认真贯彻执行和维护国家财经制度和财经纪律,积极参与经营管理,提高经济效益。

7. 会计职业道德规范是指从事会计职业的人员进行会计工作所应遵循的,与会计职业活动密切联系的,具有会计职业特征的道德准则和行为规范。它既是社会对会计职业行为的客观要求,也是这一职业取信于社会而建立的行为准则。

8. 会计法规是指国家以法律形式颁布实施的、各企业在组织和从事会计工作时必须遵循的各项会计规范。它是调整会计关系、规范会计活动的一项基本法规,是制定其他一切会计规章制度的法律依据。

9. 会计档案是企事业单位和机关团体在经济管理和会计活动中自然形成的,并按照一定的要求保存备查的会计信息载体(包括会计凭证、会计账簿、财务报表和其他会计核算专业资料以及电子设备存储设备上存储的会计信息),是记录和反映经济业务的重要史料和证据,是检查遵守财经纪律的书面证明,也是总结经营管理经验的重要参考资料。

二、单项选择题

1. D 2. C 3. D 4. B 5. D 6. C

三、多项选择题

1. ABCD 2. ABCD 3. CD 4. ABCD 5. ABC 6. ABCD

四、判断题

1. √ 2. × 3. √ 4. √ 5. × 6. √ 7. √ 8. √ 9. × 10. √

11. √　　12. √

五、思考题

1. 会计工作的恰当组织是形成、提高与完善会计工作，保证会计工作质量与效率，充分发挥会计作用的前提条件。其意义主要表现在以下几个方面：

（1）为会计工作的开展提供前提与保证；

（2）有利于核算质量的提高，保证会计信息的真实与完整；

（3）有利于企业内部经营管理的加强，提高经济效益；

（4）有利于国家方针政策和财经纪律的贯彻，强化经济责任和经济核算。

2. 合理组织会计工作，必须遵循管理工作的一般规律，这是充分发挥会计职能，提高会计质量和效率必须遵守的原则。

（1）遵循国家统一会计制度要求；

（2）适合本企业生产经营管理的特点；

（3）协调与其他经济管理工作的关系；

（4）在保证会计工作质量的前提下，坚持成本效益均衡的原则。

3. 法律责任规定了违反会计核算规定的法律责任；伪造、变造会计凭证、会计账簿、编制虚假财务会计报告的法律责任；授意、指使、强令会计机构、会计人员及其他人员伪造、变造会计凭证、会计账簿，编制虚假财务会计报告或者隐匿、故意销毁依法应当保存的会计凭证、会计账簿、财务会计报告的法律责任；企业负责人对依法履行职责、抵制违反本法规规定行为的会计人员实行打击报复的法律责任；财政部门及有关行政部门的工作人员在实施监督中滥用职权、玩忽职守、营私舞弊或者泄露国家秘密、商业秘密的法律责任等。

4. 会计监督包括内部监督和外部监督。会计机构、会计人员对违反国家规定的收支，应当制止和纠正；制止和纠正无效的，应当向企业行政领导提出书面报告，请求处理。企业领导自接到书面报告 10 天内做出书面决定，并对决定造成的后果承担责任。会计机构、会计人员对明知是违反国家规定的收支不予制止和纠正，又不向企业行政领导提出书面报告的，应当对其后果承担责任。

5. 建立会计档案可以防止会计资料的丢失,有利于提高会计档案资料的质量,有利于总结生产经营和管理中的经验和教训。因此,为促进企业财务管理的合理化、现代化,达到建立现代企业制度的根本目的,各企业必须加强对会计档案管理的领导,建立、健全会计档案的立卷、归档、保管、调阅和销毁等管理制度,实行有效的会计档案管理,以保证会计档案妥善保管、有序存放、方便查阅,严防毁损、丢失和泄密。